페미니즘은 어떻게 괴물이 되었나

자유를 두려워하는 자가 자유주의자이며,

지성에 재를 뿌리고 싶어 하는 자가 지성인이다.

-조지 오웰『동물농장』중에서

페미니즘은 어떻게 괴물이 되었나

오세라비 김소연 나연준 지음

글통

아직도 페미니즘이 필요합니까?

오세라비

페미니즘으로 인해 행복합니까? 약 6년 간 한국 사회를 뒤흔든 페미니즘 부흥의 원동력이 되었던 영(Young)페미니스트들에게 진정으로 묻고 싶다. 인생에서 가장 찬란하고 빛나는 별과 같은, 하지만 짧기만 한 청춘기에 남성은 적, 압제자로 규정하고 여성은 피해자라 외쳤던 그녀들이었다.

남녀를 대립구도로 만들어 여성은 영구히 희생양으로 묶어두기를 바라는 부류는 기득권 페미니스트들 아닌가. "청춘을 돌려다오."라며 청춘 보상금이라도 청구해야 맞지 않을까. 영페미니스트들의 빛나는 청춘시대를, 반세기 전 유물인 페미니즘 이데올로기로 영혼을 빼앗아 버린 직업 페미니스트들에게 말이다.

우리가 현재 살고 있는 세상에 대해 말해보자. 마치 산사태가 나듯 남녀 성 갈등이 걷잡을 수 없이 일어났다. 페미니즘은 한국 사회를 남녀 갈등으로 몰아넣었다. 그로 인해 성 전쟁이라 불러도 틀리지 않을 만큼 심각한 양상으로 전개되어 오늘에 이르렀다. 사랑의 호르몬이 충만한 빛나는 청춘의 한 시절을 누려야 할 젊은 남녀들 사이에 하루가 멀다 하고 성추행, 성폭력, #미투(#ME TOO) 논쟁이 끊이질 않는다. '옷깃만 스쳐도 인연'이라는 옛말은 '옷깃만 스쳐도 성추행' 의혹으로 번져 수사기관 신고와 법정다툼으로 이어진다.

불만수집가 기득권 페미니스트들은 성 정치를 중심부에 두고 갖가지 성 규제를 하며 금지 리스트를 만든다. 2015년 하순 무렵부터 불어 닥친 페미니즘 운동이 낳은 남녀 갈등은 급기야 '남녀 분리'로 향했다. 특히 중등교육, 고등교육 기관은 페미니즘운동 영향을 직접적으로 받았다. 지난 몇 해 동안 교육기관에서 벌어진 학생들 간의 성 갈등은 교육 현장을 위기로 몰아넣기에 충분했다.

10대 여성 청소년부터 여자 대학생들은 '탈코르셋'이라는 해괴한 소동에 휩쓸렸다. 짧은 머리, 노 브래지어는 권리라 주장하며, 화장도 안 돼! 꽃무늬 원피스도 안 돼! 한남에게 잘 보이려고? 그렇다면 페미니스트야말로 개인의 자유를 침해하는 자유주의의 적이 아닌가. 그래서 영페미니스트들이 성취한 것은 무엇이며, 훗날 자신들의 젊은 시절을 어떤 기억으로 회상하게 될까.

페미니즘의 교리는 예나 지금이나 변함이 없다. '여성들은 가부장제의 희생자이며 억압받는 존재다. 남성은 지배자, 여성은 피해자'라는 주장이다. 페미니즘 DNA에 너무도 깊이 각인 되어있다 보니 모두들 기정사실로 받아들인다. 언론계, 정치권, 문화계, 그리고 교육계에 이르기까지 여성은 '사회적 약자' 남성은 '사회적 강자'라는 틀거지로 한국 사회를 진단한다. 중국 속담에 "장벽이 무너지기 시작하면 만 명의 사람들이 그것을 무너뜨리려고 모여든다."라는 말처럼 페미니즘 담론이 일어나자 이를 보편적 질서로 받아들이며 남성은 폭력적이며 잠재적 성 범죄자로 부각하기 바빴다. 페미니즘의 영향을 받은 영페미니스트들은 비혼 선언을 넘어 반혼을 주장한다.

남녀 학생들의 성별 갈등과 서로를 향한 적개심과 반목은 건국 이래 최고조에 달했다. 10대 청소년, 20대 남성들의 페미니즘에 대한 반감은 급상승했다.

중학교 재학 중인 어느 남학생의 고백이다. "학교나 학원에서 마주치는 여학생은 그냥 모르는 척 하는 것이 편하다. 서로 유령인간처럼 여긴다." 자연스러운 만남이어야 할 남녀 관계가 서로 방어하고 또는 거부하는데 급급하다.

그런가하면 평소대로라면 자연스러운 관심으로 가볍게 웃어넘길 농담이나 위트조차 여학생들은 성차별, 여성 혐오성 발언으로 몰아간다. 자신의 개인적인 연애 경험조차 소셜네트워크 서비스에 여과 없이 올려 폭로를 남발하는 세태다. 청춘남녀들의 이성을 향한 호감이나 제스처가 성희롱으로 비화하여 학교마다 기관에 신고가 잇달았다.

페미니즘이라는 반세기 전 유물이자 낡은 담론은 학교생활로 침투하여 남자 아이들을 공격하고 있다. 교사들은 페미니즘 사상을 인권운동으로 학생들에게 가르쳤고, 남학생들이 페미니즘에 비판적이면 반인권주의자, 성차별주의자로 몰아갔다.

페미니즘은 여성도 공격한다. 페미니스트 여학생은 페미니즘에 회의감을 보이거나 동조하지 않은 여학생에게 강압적인 행동과 언어폭력을 가하여 괴로움을 호소하는 여학생들이 늘고 있다. 교육 현장에서 페미니즘은 성장 중인 남녀 학생 모두를 혼란스럽고 힘들게 하였다.

필자는 지난 수 년 간 중·고교 그리고 대학생에 이르기까지 많은 여학생, 남학생들이 메일 혹은 소셜네트워크 서비스 메시지를 통해 고민 상담과 제보를 보내왔다. 학교에서 성폭력 가해자 혐의를 받은 남학생이 무죄 입증을 위해 변호사를 선임한 사연, 가해자와 피해자의 학부모들 간의 다툼, 또 교사와의 갈등 등이었다. 심지어 가해자로 몰린 학생의 어머니가 억울함을 호소하는 사연을 필자에게 전해오기도 했다.

이 책의 공저자들은 페미니즘 이데올로기로 인해 촉발된 젠더 전쟁이 이만 끝나기를 원한다. 공저자 중 한 명인 필자는 지난 몇 해 동안 페미니즘 운동으로 촉발된 젠더 전쟁과 이어진 미투 운동의 본질과 폐해를 실증적 사례를 들어 서술하였다. 또한 교육현장에서 일어나는 페미니즘운동 폐해, 학교 성교육의 문제점을 학생들의 제보를 바탕으로 기록하였다.

공저자 김소연 변호사는 대전시의회 시의원을 역임하며 여성계와 시민사회단체와의 카르텔을 생생히 체험하였다. 대전에서 가장 오래된 한 성폭력 상담소의 비리와 보조금 부정사용 및 기부금 요구 등을 감사하여 문제가 된 성폭력 상담소는 결국 자진 폐쇄할 수밖에 없었다. 1981년생인 김소연 변호사는 '82년생 김지영' 담론에 일침을 가한다. 또 성인지 감수성 시대를 맞아 전국 지자체에 경쟁적으로 생기고 있는 성인지 정책의 실효성은 과연 무엇인지? 성인지 담당관은 정말 무엇을 담당하는지? 되묻는다.

공저자 나연준은 2020년 5월 7일 이용수씨의 폭로 기자회견으로 촉발된 정의연 사태를 전체적으로 고찰한다. 정의연의 전신 정대협은 1990년 11월, 36개 여성단체들이 모여 설립한 단체다. 이 시점을 전후해 한국의 페미니스트운동은 '민족주의'라는 거대한 방패를 얻게 되고, 이를 주도한 여성계 인사들은 여성운동을 커리어삼아 꾸준히 정계에 진출한다. 시간이 지남에 따라 일부 유력 페미니스트들과 정치권 사이의 끈끈한 내부거래가 형성되지만 그 결과는 참혹하다. 급기야는 똑같은 성폭력도 상대편이 저질렀을 때는 피해자의 감정과 증언에 절대적 가치를 부여하지만, 같은 편이 저질렀을 때는 피해자를 일단 인정하지 않는 이상한 피해자 중심주의가 탄생한다.

지금은 한마디로 페미니즘의 전성시대라고 할 만하다. 그 어느 때보다 조직된 여성운동계의 사회적 발언권이 높아졌고 이러한 목소리가 큰 검증없이 언론과 입법과정은 물론 사법체계와 정부의 국정 시스템 전반에 걸쳐 정책과 제도의 형식으로 사회 저변에 구석구석에 확산되고 있기 때문이다. 나와 이 책의 다른 저자들은 이 같은 페미니즘의 전방위적 대유행을 2020년 팬데믹(pandemic)에 비유해 '페미데믹 (Femidemic)'이라 부르기로 했다.

이 책의 저자들은 페미니즘이 초래한 정치사회적 분열 같은 안타까운 이야기, 여성주의라는 명분 때문에 쉽사리 비판의 영역으로 끌고 올 수 없었던 불편한 이야기들을 쏟아낸다. 우리는 어쩌면 이 사회를 점점 비대면과 무접촉이라는 단절의 고통 속으로 밀어넣고 있는 페미데믹의 백신을 만들고 싶었던 것인지 모른다. 본서가 미흡하고 완벽한 분석은 아닐지라도 공저자들의 순수한 바람과 솔직한 메시지만은 전달되기를 희망한다. 역사는 기록되어야 한다.

페미니즘은
어떻게
괴물이 되었나

페미니즘은 어떻게 괴물이 되었나

페미니즘은 어떻게 괴물이 되었나

페미니즘운동의 실패학

1. 586세대 여성운동권 'NL 페미니스트' 그들은 누구인가

586세대 여성운동가들은 문재인 정부 들어 명실상부한 메인 스트림이 되었다. 60년대 출생, 80년대 대학생, 현재 50대 이상 세대를 가리키는 586세대는 남성 운동권 세력과 함께 정치투쟁을 통한 권력 쟁취는 성공하였다. 586세대 전후 운동권 세대도 넓게 포함되는 것이 일반적이다.

586세대 여성운동가들은 2015년 하순 무렵부터 전성기를 맞은 한국 페미니즘운동을 지렛대로 삼았다. 이는 586세대 여성운동권의 이익과 권력 강화로 이어짐을 뜻한다. 이들의 특징은 당대 586 남성 운동권과 마찬가지로 '민족해방파'(National Liberation: NL)들이 주류를 차지하고 있었다.

현재 더불어민주당(이하 민주당) 여성 국회의원 대부분이 NL 계열 페미니스트이다. 이들을 가리켜 통칭 'NL 페미'라 부른다. 의회뿐만 아니라 좌파 성향 여성단체들의 상층부 대다수도 동일한 사조를 따른다. NL 페미의 특징은 NL 진영과 동일하게 반미, 반일, 친북 성향이다. 그런데 의문이 들지 않을 수 없다. NL과 페미니즘이 병립할 수 있는가? NL 페미는 반미운동의 선두에 서서 미국 군사패권주의, 대미 굴종이 남북분단의 발목을 잡았다고 주장한다. 지금도 "나는 페미니스트다."라고 말함과 동시에 평화통일운동가를 자임하며 반미를 외치고 있다.

현대 페미니즘은 미국식 모델로 '68청년저항운동'과 함께 생겨났다. 1970년대 초 미국은 페미니스트들이 대거 등장하며 급진성(래디컬 페미니즘)이 주류를 이루어 오늘날 페미니즘이 되었다. 서구는 1970년대 중반 무렵 래디컬 페미니즘은 여성학이라는 이름으로 대학 강단으로 들어왔고, 1977년 이화여자대학이 최초로 교양과목으로 여성학을 개설하였다.

그러나 아이러니랄까. 한편으로는 반미를 외치면서 미국식 페미니즘을 동시에 받아들여 여성운동은 정치 이데올로기화 하였다. 나는 좌파 진영에서 오랫동안 활동하였다. 하지만 처음부터 NL 페미니스트의 모순점을 발견하는 것은 어렵지 않았다. 내 기억으로는

1997~1998년 IMF 위기 직후인 2000년부터 좌파 시민사회단체, 그중에서도 좌파 여성단체에 관심을 두기 시작하였다. IMF 위기는 실업자 증가, 노숙인 증가도 함께 낳았다.

　당시 나의 출퇴근길은 항상 영등포역을 이용하였다. 그때 영등포역은 이른 아침과 해질 무렵이면 노숙인들이 집중적으로 모이는 곳이었다. 서울역 다음으로 노숙인들이 많았다. 대부분 남성 노숙인이었지만 여성 노숙인도 간간히 섞여 있었다. 여성 노숙인들은 어두워지면 남성 노숙인들 속에 뒤섞여 이불을 둘러쓰고 잠을 청하고 있었다. 늘 같은 곳을 지나다니면 눈에 익은 노숙인들이 있기 마련이다. 여성 노숙인도 그랬다. 역사 구석진 곳에서 남녀 노숙인이 함께 잠을 자고 있는 모습은 차마 쳐다보기 힘든 광경이었다. 비교적 젊은 나이의 여성 노숙인이 언제부터인지 배가 불러오기 시작했다. 임신을 한 것이다. 머리카락은 길어서 산발을 하고 부른 배로 벽에 기대어 힘들게 앉아 있는 모습은 충격적이었다.

　그때 나는 결심했다. 여성운동을 하겠다! 여성 노숙인이 최소한 여성 전용 시설에서 잠을 자고 씻을 수 있는 공간은 있어야 했다. 또 생활, 취업, 육아 삼중고에 시달리는 미혼모들과 남편을 대신하여 실질적인 가장 노릇을 하는 여성들을 위한 운동의 필요성을 느꼈다. 내가 생각하는 여성운동이란 이런 것이었다.

여성의 삶보다 정치투쟁에 몰두하는 좌파 여성단체

그러나 좌파 여성단체들은 매매춘, 성폭력 문제에 집중하며 이슈를 만들고 세력화하여 정치권에 진입하기 시작했다. 이들은 1987년 이후 좌파 여성단체를 속속 설립하여 세력을 크게 늘려나가며 정치투쟁에 몰두하였다. 단체 수장들이 하나 둘 비례대표 국회의원으로 배지를 달았다. 1999년부터 '부모 성 나란히 쓰기' 운동을 하며 페미니스트들은 넉 자 이름을 유행처럼 사용하였다. 페미니스트들 중 유독 넉 자 이름으로 불리는 이들은 이때 영향을 받았다. 이어 '호주제 폐지 운동' 어젠다를 들고 나와 2003~2005년 내내 매달려 결국 국회통과가 됐다.

여성계의 행보는 내가 추구했던 여성운동과는 방향이 크게 달랐다. 2000년 초 나는 한 여성운동가에게 물었다. "왜 여성 노숙인이나, 미혼모 등 사회 밑바닥에 있는 여성들을 위한 운동을 하지 않는가?" 그의 대답은 이랬다. "그건 복지 차원에서 국가에서 할 일이다. 우리가 할 수 있는 여성운동은 아니다."라고 했다. 그 후 나는 이들의 정치투쟁적인 여성운동과 거리가 멀어질 수밖에 없었다.

미국 급진적 페미니스트의 아이콘으로 불리는 글로리아 스타이넘은 한국에 4차례 방문하였다. 2002년, 2011년, 2015년, 2019년이다. 처음 두 차례는 페미니스트 단체의 초청으로 이루어졌지만, 이후 두 번은 평화통일운동을 하는 '디엠제트(DMZ)포럼'이 주최하는 행사였다. 스타이넘은 방한 행사에서 미국에 한국전쟁 종전을 촉구하는 인터뷰를 가지는 등 활발한 행보를 하였으나, 북한 여성인권 문제에 대해서는 언급하지 않았다.

나는 페미니스트 단체들이 거시적인 민족통일문제에 매달리기 전에 실질적인 여성들의 삶을 개선하는 데 앞장서야 한다고 믿는다. 한국은 초고령사회를 향해 질주하고 있다. 약 4~5년 후면 65세 이상 인구가 20%를 넘는 초고령사회가 된다. 한국 여성들은 세계에서 두 번째로 장수하는 나라다. 65세 이상 2/3가 여성노인이라는 얘기다. 여성단체들도 운동 방향을 고령화문제에 집중해야 한다. 일본만 해도 노인문제를 전담하는 NGO들이 350여 개가 넘는다고 한다.

한국의 페미니즘은 본산지 미국과 유럽에서 약 150여 년 간 이어온 여성인권운동과 달리 민족통일 활동가들이 중심이 된 'NL 페미니즘'이다. 이것이 서구 페미니즘과 국내 페미니즘의 명확한 차이점이다. 2015년 이후 등장한 소위 '영페미니스트'들이 이 경로를 따라 갈지 두고 볼 일이다.

2. 페미니즘, 밀레니엄 세대를 분열시키다

페미니즘운동은 밀레니엄 세대는 물론 학교 내에서 성 갈등 기폭제가 되었다. 6년 전 한국 사회에 등장한 페미니즘 이데올로기는 단번에 밀레니엄 세대를 성 갈등 속으로 밀어 넣었다. 주역은 영페미니스트라 부르는 신진 집단이다. 2015년 8월에는 급진 페미니즘 집단인 '메갈리아' 인터넷 커뮤니티가 개설되며, 본격적인 성 갈등의 문을 열어 제쳤다. 이로써 페미니즘으로 인한 남녀 갈등은 특히 10대 20대 젊은 층의 성 전쟁 양상으로 번졌다. 페미니즘이 야기한 현상은 남녀관계의 악화와 우려하던 대로 남녀분리로 나아가고 있다. 대한민국 건국 이래 남녀 사이는 그 어느 시기보다 멀어졌다.

페미니즘의 영향력은 학교를 강타하였다. 페미니즘의 최대 피해자는 남녀 청소년들이다. 서구 페미니즘운동은 길게 잡아 약 150여 년 이상의 오랜 역사로 이어져 왔다. 하지만 국내 페미니즘은 단숨에 서구 페미니즘의 긴 역사를 압축하여 한국 사회 속으로 들어왔다. 청소년들이 역사적, 사회적 흐름과 맥락을 미처 이해하기도 전에 쓰나미처럼 이들을 덮쳤던 것이다.

페미니즘운동을 주도한 좌파 여성단체는 정치권과 중앙정부와 지방정부의 확고한 지지로 힘을 얻었다. 또한 미디어계, 교육계는 이에 적극 호응하며 페미니즘을 새로운 사회운동으로 확산하였다. 페미니즘은 새로운 트렌드가 돼 이를 사회운동의 동력으로 삼은 여성단체의 상층부 페미니스트들은 기회를 놓치지 않고 권력을 얻었다. 이들은 각 기관들의 크고 작은 직책을 차지하며 이에 따른 예산집행을 거머쥐었다.

그러나 현재 페미니즘이 황금기를 누리고 있는 것처럼 보이지만 실상은 상층부 엘리트 여성의 권력과 이익을 강화할 뿐이다. 페미니스트들 중 극소수 여성들만 상층부 진출을 위한 유리천장 깨기에 주력한 나머지 대다수 여성들은 '끈적한 마룻바닥'에 처해있다.[1] 지난 6년 간 일어난 페미니즘운동으로 메이저 좌파 여성단체들은 이익단체, 압력단체로 확실히 자리매김했다. 현대 페미니즘운동은 고학력 엘리트 여성들의 주장과 이상 그리고 이익을 위한 투쟁이다.

그렇다면 의문을 가지지 않을 수 없다. 페미니즘이 본래의 목적대로 진정 여성만을 위해 투쟁을 한다면, 남녀 불평등이 해결될 수 있을까. 한국 사회처럼 가부장제, 남아선호사상이 유례를 찾아 볼 수 없을 정도로 빨리 무너진 국가도 없다. 페미니스트 활동가들은 "가부장제 숨통을 끊어야 한다."라며 한국 사회에서 이미 사라져 가부장제에 대한 경험이 없는 영페미니스트들을 부추긴다. 페미니스트들을 보면 마치 돈키호테가 풍차를 거인으로 착각하고 무찌르겠다며 돌진하는 모습이다. 돈키호테의 종자 산초 판사가 거인이 아니라 풍차라고 말려도 듣지 않았듯 말이다.

이미 반세기 전 유물과도 같은 페미니즘 교리인 남성중심, 남성지배 문화 타파를 외치는 것이 21세기 디지털 기술혁명 시대에 부합하는 운동인가? 여성을 착취한다는 남성들과 투쟁하는 페미니즘운동이 모든 계층, 사회적 지위, 직업적 분류를 떠나 대다수 여성을 포용하고 그들에게 이로운 운동은 아닐 텐데 말이다.

페미니즘운동은 서구 앵글로색슨 백인 중간계급 여성들의 권한과 지위를 향상시키는 운동에서 출발하였다. 본질적으로 서구의 교육받은 백인 여성들의 운동이었다. 결실은 누구에게 귀속되었나. 바로 그녀들, 소수의 엘리트 계층 기득권 여성들에게! 앵글로색슨 백인여성이 여성해방을 외쳤던 시대는 1970년대 초다. 그런데 한국의 영페미니스트들은 약 50년 전 서구 페미니스트들의 슬로건인 여성해방을 오늘날에야 부르짖는 현실이다.

미국 유명 페미니스트이자 정치인 앤 마리 슬로터는 '여성해방운동'에 대해 이렇게 말한다. "1970년대 초 '여성해방운동(women's lib)'이라고 불리던 초기 여성운동은 1960년대와 1970년대에 진행되었던 거시적 사회 변혁의 일부였다. 여성운동의 기치는 고정관념, 제약 조건, 하부구조, 폐쇄성, 차별, 남녀구별, 성희롱, 브래지어 거들 같은 교정 속옷, 즉 여성을 미리 지정된 역할에 가두는 모든 것들로부터의 '해방(liberation)'이었다. 젊은이들은 1950년대의 획일주의에서 해방되고 싶어 했다."[2]

서구의 페미니스트들이 일으킨 1970년대 초 여성해방운동은 현재이르러 정치사회적으로는 소멸됐다. 그런데 국내 페미니스트들은 반세기 전 서구 페미니즘을 무분별하게 수입하여 국내 현실에 무리하게 적용하였다. 그러니 미스매치가 생길 수밖에 없었고 이른바 젠더전쟁이 발발한 것이다.

엘리트 여성들은 페미니즘운동의 수혜를 입으며 경력을 쌓고, 고위직으로 진출한다. 좌파 여성단체의 상층부에서 활동하다 비례대표국회의원으로 의회 입성하는 케이스다. 정치권력을 이용하여 페미니즘 카르텔을 공고히 한다. 그렇지만 페미니스트들의 희생양은 다수의 일반 여성들이다. 무엇보다 저소득층 여성들이 직면하는 문제는 외면한다. 다수의 보통 남성들을 철저히 적으로 돌리며 또 다른 성차별을 야기한다. 페미니스트 계층도 피라미드 사회 형태와 같다. 피라미드 맨 꼭대기에는 마치 강남구 부유층 집중 지역처럼 부와 권력을 가진 유명 인사 페미니스트들이 존재한다. 피라미드 중간층에는 강단 페미니스트, 직업 페미니스트들이 있다. 피라미드 바닥에는 페미니스트라 자처하는 여성들이 그렇지 않은 여성들, 즉 의견이 다르거나 페미니스트가 아닌 여성들을 억압한다. 그녀들의 변함없는 원리는 언제나 남성은 가해자여야 한다.

3. 페미니즘, 학교 담장을 넘다

국내 페미니즘운동 현상은 사회에 어두운 그림자를 드리우고 있다. 페미니즘을 비판하면 남녀 불문하고 무자비한 언어폭력과 소셜 네트워크 서비스(SNS) 상에서 조리돌림을 한다. 특히 밀레니엄 세대, 청소년들에게 위력을 발휘하고 있는 페미니즘은 동일 세대 남녀들 사이에 분열과 반목이 심각한 수위에 이르렀다. 이런 사회현상은 학교 담장을 넘어 들어와 학생들 간에 더욱 거친 위력을 발휘하고 있다. 페미니즘 황금기를 맞아 혼란스러운 개념들이 퍼져 나간다. 페미니즘이 곧 '양성평등 운동'이라고 알고 있다는 점이다. 페미니스트가 아니라거나 비판하는 의견을 말하면 "너는 양성평등에 반대하는 거냐? 여성인권운동 불필요하다는 것인가? 그렇다면 성차별주의야!"라고 단정 짓는다. 페미니즘을 지지하는 학생층은 거의 이렇게 믿고 있다. 남성 페미니스트를 비롯한 대부분의 페미니스트들 역시 페미니즘을 양성평등운동으로 인식한다.

하지만 틀렸다. 페미니즘은 남성중심, 남성지배적 문화를 전복하는 것이다. 페미니즘은 여성의 권한과 권익 강화를 위한 여성운동이다. 남녀 모두를 위한 운동이 아닌 것이다. 일반적인 젊은 세대의 인식과 달리 페미니즘 이론가, 연구자, 활동가 역시 페미니즘은 양성평등을 추구하는 것이 아니라고 분명히 말한다. 페미니즘은 양성평등을 지향하지 않으며 그것과 다르다는 것이다. 페미니스트들은 양성평등의 본질은 남성중심에 근거하고 있다고 주장한다. 즉 양성평등이라 함은 여성착취를 정당화 혹은 합리화하기 위한 남성지배 문화에서 비롯되었다 강조한다. 애초부터 인간은 남녀 양성만 존재한 것이 아니며, 양성평등 속에는 다양한 성소수자들 LGBT(Lesbian, Gay, Bisexual, Trans gender)로 불리는 이들의 존재가 빠져있다는 이유를 든다. 양성평등은 이성애에 근거를 두고 있으며, 동성애와 양성애는 포함하지 않기 때문에 양성평등에 반대한다. 그래서 페미니스트들은 성소수자 등을 모두 포함하는 '성평등'을 주장하지 양성평등에는 반대한다. 이 차이를 인식할 필요가 있다. 페미니스트들은 양성평등을 부정하는데, 페미니즘은 곧 양성평등과 동일하다고 믿는 페미니스트들이 많다. 특히 영페미니스트와 남성 페미니스트들이 그러하다.

'성차별주의'도 마찬가지다. 페미니스트가 아니라고 하면 '성차별주의자'라고 오해한다. 페미니스트가 아닌 사람들은, 여성에 대한 증오와 편견을 가지고 있다고 단정하면서 이는 곧 성차별주의로 받아들이기 때문이다. 성차별이란 남녀 간의 전통적인 성 역할에 대한 고정관념이 낳은 불평등으로 해석한다. 그러므로 페미니스트가 아니라고 하면 '성차별주의자'라는 낙인을 찍는다. 분명히 말해두자. 페미니즘을 받아들이지 않는다하여도 여성을 차별하고 억압하고 착취하는 사람이 아닐뿐더러, 페미니즘 사상은 언제든 비판하고 평가할 수 있다. 사회운동으로서 페미니즘운동이 올바르지 않다면 비판할 자유가 있다. 우리 사회의 발전을 위해서도 꼭 필요하다. 강조하건대 페미니즘 비판은 여성혐오나 성차별주의도 아니며 반인권적인 것은 더더욱 아니다.

초·중·고교의 성평등교육과 페미니즘 이데올로기 주입

초·중·고교의 성평등교육과 페미니즘 이데올로기 주입으로 남학생들은 위기에 직면했다. 초·중등교육에 이러한 교육이 어떻게 진행되어 시행되었는지 살펴보자. 2015년 페미니즘 등장에 이어 2018년 초, 국내를 강타한 미투운동(#Me Too:나도 당했다)과 함께 페미니즘 황금기 시대를 맞았다. 페미니스트들은 기세를 몰아 '초·중·고교 페미니즘 교육 의무화'에 화력을 집중하였다.

문재인 대통령은 대통령 취임 직전인 민주당 전 대표 시절 일찌감치 "드디어 여성정책을 발표하게 되어 기쁩니다. 저는 페미니스트

대통령이 되겠습니다."고 선언한 바 있다.[3] 이 선언은 페미니즘 전성기를 누리고 있던 여성계와 영페미니스트들의 열렬한 지지를 이끌어냈다. 대통령에 당선된 2017년 11월 21일 제49회 국무회의에서 한 발언을 상기해보자. "직장 내 성희롱·성폭력 피해자가 두려움 없이 고충을 말할 수 있고 적절한 대응이 이뤄지도록 내부 시스템과 문화가 정착되는 것이 무엇보다 중요하다. 특히 공공기관 기관장들의 인식전환과 더욱 엄정한 조치들이 필요하며, 앞으로 그 점에 있어서 기관장이나 부서장의 책임을 물을 것"이라며, 이러한 정부의 선도적인 방침은 학교 내 성폭력 방지 및 성평등 교육 그리고 인권 친화적 문화 조성을 위한 대책 마련으로 이어졌다.

물들어올 때 노 젓는 식으로 페미니스트 운동가들은 청와대, 교육부를 대상으로 전방위적인 행동에 돌입하였다. 페미니스트 단체들은 2018년 1월 6일 청와대 홈페이지 국민청원 게시판에 '초·중·고교 페미니즘 교육 의무화' 청원을 올렸다. 청와대는 27일 공식 답변을 내놨다. 윤영찬 국민소통수석은 청와대의 사회관계망서비스(SNS) 라이브 방송을 통해 다음과 같이 밝혔다. "페미니즘 교육은 인권 교육과 통합적으로 이뤄져야 한다."며 "초등학교 때부터 기본권 같은 보편적 인권을 비롯한 통합 인권 교육이 체계적으로 이뤄질 수 있도록 해야 한다."고 공식 답변을 하였다.[4] 이로서 페미니즘은 학교 담장을 넘어 물밀 듯 밀려왔다.

곧이어 2018년 2월부터는 초·중등교육에 '성평등하고 인권친화적인 학교를 위한 2018년 학교 성폭력 예방 및 근절 대책'이 교육부 직속기관인 시·도교육청의 주도로 시작하였다. 중요한 점은 〈학교폭력예방법〉에 성폭력 개념이 핵심적으로 적용된 점이다. 서울특별시교육청 학생생활교육과의 자료에 의하면 성폭력을 학교폭력의 한 유형으로 포함시키며 이렇게 설명하고 있다. "학교폭력예방법의 적용을 받는 성폭력 개념은 성희롱·성추행·성폭행(강간) 등 상대방의 의사에 반하여 성을 매개로 가해지는 신체적, 언어적, 정신적 폭력을 모두 포괄함. 성폭력은 말이나 SNS 등을 통한 성희롱, 스마트 폰 등으로 특정 신체 부위를 불법 촬영하는 행위 등을 모두 포함한다." 물샐 틈 없는 성 규제와 다름이 없었다.

연간 15시간 이상, 학교 성교육 의무화

여성단체와 페미니스트 집단은 수년 전부터 〈초·중·고등학교 페미니즘 의무화 교육 지금 당장 실시하라〉는 성명문을 수차례 발표하며 압박해 왔다. 이에 따라 전국의 모든 학생은 연간 15시간 이상 성교육 의무화가 전면 실시되었다. 학생들 간에 일어나는 일반적인 학교폭력은 최근 들어 크게 감소 추세다. 반면에 성 관련 문제에 중점을 두는 방향으로 전환한 것이다. 학교성폭력신고센터는 다양한 체계를 구축하였다. 학교성폭력온라인센터와 학교전담경찰관 배치, 117(학교폭력 신고 및 상담), 112 경찰서, 여성가족부 운영지원을 받는 여성긴급상담전화 등 학생들이 언제 어디서나 곧바로 신고가 가능하게 됐다.

그러다보니 학교 성폭력 적용 범위는 크게 넓어져, 또래 간 성적 표현, 농담, 언어적 장난 및 갈등까지를 모두 성폭력으로 신고가 가능했다. 이런 상황이 되자 "너 예쁘다."라던가 대화 도중 가벼운 농담이나 잡담까지 남학생이 여학생에게 한 말이 성희롱으로 간주되어 신고하는 사례가 속출하였다. 나에게 남학생들의 억울함을 호소하는 상담 요청이 줄을 잇던 시기도 바로 이때부터였다. 한 남학생은 가끔 멍한 시선으로 땅바닥을 보는 습관이 있었는데, 여학생은 자신의 허벅지를 쳐다보았다면서 성희롱으로 학교성폭력신고센터에 신고를 했다고 한다. 성희롱이라는 용어 자체도 지극히 모호한데다 그저 기분이 나쁘거나 상대가 마음에 들지 않으면 아무것이나 성희롱으로 간주될 수 있어 학교는 성 갈등이 난무하는 곳이 되었다.

또 디지털 성폭력 개념이 더욱 강화되어 카메라 촬영, SNS, 단체 카톡방 등에서 사소한 표현이나 장난기 섞인 말이 개인 간의 갈등 문제로 옥신각신하다 성폭력 범주에 포함되는 일이 비일비재했다. 이런 학교 문화는 남녀 학생들의 불신과 남학생들의 불만을 증폭시키는 결과를 낳았다.

일선 교사에게도 성범죄 무관용 원칙과 징계가 한층 강화되었다. 지난해 12월에 발생한 사건이다. 충북에 소재한 한 고등학교 수업 시간에 엎드려 잠자는 여학생의 팔과 어깨를 툭툭 쳐 깨웠던 교사가 성추행으로 신고를 당했다. 학교 측은 경찰에 수사를 의뢰하였고, 해당 교사는 즉시 직위해제 됐다. 학교마다 이른바 '스쿨 미투'가 봇물처럼 일어났다.

4. 젠더 감수성, 성인지 감수성, 폭력 감수성

　여성단체와 페미니스트 집단은 포괄적 성교육 권리 보장을 위한 〈페미니즘 교육 실현 네트워크〉를 만들어 활동을 해왔다. 그 결과 초등학교는 물론이요 중·고교의 성평등 교육은 페미니즘 이론과 동일한 내용으로 교육이 진행되고 있었다. 학교 성교육 전담 기관은 여성가족부 산하 한국양성평등교육진흥원(이하 양평원)이다. 양평원은 양성평등교육 전문 강사를 양성하여 공공기관 및 학교로 파견하는 사실상 학교 페미니즘 교육을 주도하는 기관이다. 양평원은 양성평등을 지향하기보다 남성보다 여성에 무게중심을 둔다. 양평원은 최근 들어 '학교 젠더 감수성' 등 감수성 강조 성교육을 새로운 담론으로 내세운다.

　양평원 나윤경 원장은 "학내 젠더 감수성을 높이기 위해서는 연령별, 상황별 맞춤형 교육이 이루어져야 한다. 맞춤형 교육을 통해 성인지 수준의 질적 향상 및 실천력을 갖추게 될 때, 비로소 성평등 사회로의 실질적인 변화가 나타날 것"이라고 하였다.[5]

　나윤경 원장의 발언에서 드러나듯 불명확하고 모호한 개념의 성인지 감수성, 즉 젠더 감수성 중심의 교육이다. 문제는 여성가족부, 한국양성평등교육진흥원, 전국성폭력상담소를 비롯한 페미니스트계의 이러한 주장은 모두 '여성중심' 감수성이 곧 성인지 감수성이며 이를 남성에게 갖출 것을 요구한다.

최근 잇달아 제자를 대상으로 한 여교사의 성관계 사건이 발생하고 있지만 여성계는 침묵한다. 최근 발생한 충북 소재 중학교 여교사의 제자 상대 성관계, 중학교 기간제 여교사 제자와 성관계, 논산 고교 기간제 여교사의 제자 2명과의 성관계, 창원 여교사 초등학교 제자와의 성관계, 학원 여강사와 제자와의 성관계 사건도 연이어 발생하고 있다. 충북 소재 중학교 여교사의 제자 상대 성관계 사건에서 해당 여교사는 무혐의 처리 되었다. 여교사는 "합의한 성관계였다."고 주장하였으며, 형법상 만13세 미만이면 처벌받는 의제강간죄에 해당이 되지 않았다. 우리나라도 미국이나 타 서구 국가처럼 만16세 미만이면 의제강간죄에 해당하게 연령을 높여야 한다. 위 여교사의 경우 〈미성년자에 대한 성범죄는 아동청소년보호법 및 아동복지법에 따라 형사 처벌대상〉임에도 여교사는 무혐의였다. 법의 이중 잣대가 아닐 수 없다. 중학생 제자를 상대로 성관계를 한 여교사는 교단에서 원천 배제되어야 마땅하다.

의문이 든다. 여교사가 제자를 상대로 성관계를 하는 것은 성폭력이 아닌가? 여교사의 빗나간 성 비위는 성인지 감수성이 왜 적용되지 않는 것인가?

초·중·고교 성교육에 대한 학생들의 불만

학교 성교육이 연간 15시간 이상 의무적으로 실시되자 이에 대한 남학생들의 불만은 고조되었다. 또한 아들을 둔 학부모까지 고민을 토로하며 나에게 이메일로 사연을 보내왔다. 나는 약 1년 동안 다양한 경로를 통해 중·고교생을 대상으로 학교 성교육 등에 대한 자료를 수집해 왔다. 중·고교에서 하고 있는 성교육의 연간 수업 횟수, 수업 내용, 강사의 소속 및 성별에 관한 내용이다. 조사 결과 초등학교는 물론 중·고교의 성교육은 급진적 페미니즘, 즉 래디컬 페미니즘 이론과 동일한 내용이었다.

제보해온 초·중·고교생은 약 40명 정도로 서울 및 수도권, 경북, 경남, 강원, 전라, 충청도에 거주한다. 학생들은 SNS 채널과 개인 이메일로 학교 성교육 관련 자료를 보내왔다. 학생들은 성교육 강사가 페미니즘 교육을 하고 있다는 의견이 공통적이었다. 심지어 초등학교 5학년 남학생은 성교육 내용 중에는 "여성이 우월하다, 여성을 소중히 여겨야 한다."면서 "남성이 항상 여성을 억압해서 문제"라 말한다고 전했다.

　다음은 학생들이 보내온 성교육 강사들의 공통적인 수업 중 일부 내용이다.

Q 학교 성교육의 내용은 무엇인가요?

- 여성은 사회적 약자다. 여성을 성적 대상화 하지 말라.
- 남자는 가해자, 여자는 피해자다.
- 남자는 일과 가정의 양립을 지키지 않는다.
- 여성의 사회적 지위가 낮기 때문에 여성운동이 필요하다.
- 남자가 항상 조심해야 한다.
- 여성은 소중하다.
- 퀴어 축제 및 혜화역 시위 사진 슬라이드 보여준다.
- 페미니즘을 비판하면 남성들의 백래시(backlash)다.
- 조현병 환자에 의한 강남역 화장실 여성 살인사건은 전형적인 여성혐오 사건이다.
- 여성들의 탈코르셋운동 지지하며, 젠더리스 패션 강조한다.
- 데이트폭력 사례를 제시하며 남자들이 우월감을 가지고 힘을 행사한다.
- 남학생들은 젠더 감수성과 폭력 감수성 키워야 한다. 폭력 감수성은

여성이 싫어하지 않아야 하는데 계속 스킨십이나 터치하면 폭력으로 간주한다.

- 민낯, 생얼 이런 용어도 여성혐오니 사용하면 안 된다.

이런 말은 한국에만 있다.

학생들의 성교육은 양평원 같은 외부 강사 외, 교사도 일정 부분은 성교육을 담당할 수 있다. 한 고등학교의 영어담당 교사는 수업 시간에 퀴어(Queer)를 주제로 수업을 한 후, 해마다 열리는 퀴어문화축제에 학생들을 인솔해서 참가하였다. 성소수자의 권리 지지는 성적 의사결정권 지향과 평등한 인간관계를 만든다는 취지다. 이런 활동도 성교육 시간에 포함된다.

학생들은 이 밖에 국어 수업 시간에도 페미니즘에 대한 수업을 하거나 페미니즘 소설 등을 읽기를 권장한다고 말한다. 또한 국어 시간에 일상에서 쓰는 한자 가운데 여성차별 찾아내는 수업과 숙제를 내주기도 한다. 예컨대 여(女-계집 녀), 간(姦-간음할 간) 등이다. 이런 추세는 서울특별시가 열성적인데 '성평등 언어사전'를 발표한 바 있다. 예컨대 유모차는 유아차, 여직원은 직원, 여자고등학교는 고등학교, 미혼은 비혼으로 불러야 성차별적이지 않다고 적극적으로 홍보한다. 남녀구분을 없애는 성중립적(Gender Neutral) 용어는 사회적 트렌드처럼 전파되는 것도 페미니즘에서 비롯된 현상이다.

교사들의 페미니스트 선언

한편, 국어 교사들은 조남주 작 페미니즘 소설 『82년생 김지영』을 중·고교생에게 독서할 것을 권장한다. 이유는 『82년생 김지영』은 시대의 아픔을 다루고 있는 소설이다. 우리에게 너무나 익숙해서 문제조차 삼지 못하는 남녀 불평등의 문제를 잘 드러내고 있다."고 말한다. 학교 도서관은 『82년생 김지영』을 학생들의 필독서로 도서관에 비치하였다. 제주도의 한 고등학교 국어 교사는 자신의 트위터 계정에 고3 학생들에게 읽히기 위해 이 책을 50여권 구매하여 전 학년에게 읽혔다고 자랑스럽게 올리기도 했다.

서울 한 중학교 여교사는 직접 인권동아리를 만들었다고 한다. 인권동아리 활동 첫 시간에 교사가 자료로 보여준 동영상은 "우리 모두 페미니스트가 되어야 한다."라며 학생이 전해왔다. 남학생들의 불만은 매우 크다. 성교육 중 남자를 범죄자로 규정하여 만든 슬라이드 및 자료를 보여준다며 불만을 드러냈다. 성교육 강사 성별로는 95% 가량이 여성이며, 나머지가 남성 강사였다. 성교육 강사진 구성이야말로 성불평등한 구조임에도 여성계는 이런 점은 개선하지 않는다.

남학생들은 성교육 수업 내용이 하나같이 남자는 성폭력적이고 여성을 억압하는 존재로 여긴다고 입을 모은다. 게다가 성교육 수업 시간이 너무 많다고 한다.

Q 성교육 수업을 듣고 강사에게 의문점에 대한 질문을 했나요?

성교육 강사에게 질문하기를 "그럼 남자들은 소중하지 않습니까?" "페미니스트들이 한남충, 소추소심 등 남성 혐오 용어로 조롱하는 것은 어떻게 생각하십니까?"라는 질문에 강사들 대부분 답을 회피해요.

한 남학생이 나에게 보내온 이메일의 내용도 성교육 강사에 대한 불만이 컸다. "성교육 시간에 강사가 자신은 혜화역 시위 지지한다면서, 심지어 '남학생들 6.9 알죠?'라는 놀라운 말을 했어요." 6.9란 극단적인 남성혐오를 주장하는 영페미니스트 단체인 워마드 회원들이 주로 사용하는 용어로 한국 남성의 성기 크기가 고작 6.9 센티미터라는 조롱의 뜻으로 사용된다.

또한 요즘 중·고교 여교사, 남교사 불문하고 페미니스트임을 선언하는 교사가 많다고 한다. 어느 고등학교 재학 중인 학생이 전해 온 내용이다. 담임(여교사)이 말하길 "당당하게 말하지만 나는 페미니스트다. 이 말 듣고 이상하게 생각하는 학생들은 페미니스트를 잘 모르는 사람이다. 나는 여혐 표현에 특히 예민하니까 조심해라."

남학생뿐만 아니라 여학생도 성교육 수업 내용에 동의하기 어렵다고 말한다.

Q 성교육 수업 중 강사가 사용한 파워포인트에 어떤 내용이 있었나요?

"결국 여성은 언제나 힘없는 피해자, 여성을 성적 도구로, 남성의 기쁨조로 취급하는 관행이 있다."는 내용이 있어 어리둥절했어요. 그렇지만 의무적인 성교육 수업이라 그냥 듣고만 있었어요.

이처럼 현실과 동떨어진 시대착오적 내용으로 성교육 수업을 하였다. 여학생들은 성교육 수업이 오히려 여학생들을 더 혼란스럽게 하고 굴욕감에 빠지게 하였다고 토로하였다.

UNDP 발표 대한민국 아시아 1위, 세계 10위 성평등 국가

성교육 수업은 대부분 여성가족부의 자료를 이용한다. 해마다 여성가족부는 UNDP(유엔개발계획) 발표 대한민국 성평등지수 현황을 보도자료로 배포한다. 이미 수 년 전부터 우리나라 성평등지수는 세계 10위, 아시아 1위를 기록하고 있다. 대한민국은 명실상부한 성평등 선진국이다. 그럼에도 페미니스트 단체들은 UNDP 발표는 언급하지 않는다. 대신 신뢰성 논란이 끊이지 않는 WEF(World Economic Forum)의 성격차지수 발표 자료를 사용한다.

UNDP의 성평등지수와 WEF의 성격차지수는 차이가 크다. WEF 자료는 대한민국 성격차지수 순위가 세계 최하위권에 머문다. WEF의 성격차지수 순위는 르완다, 나미비아, 레소토, 모잠비크, 인도, 네팔 국가 등 한국보다 경제력이 현저히 낮은 아프리카 국가 등이 상위권이다. WEF 자료는 국가의 고유한 상황을 반영하지 않고, 단순히 남성과 여성의 상대적 격차만 조사한다. 아프리카 국가처럼 인구수에 있어 여성이 많거나, 산업이 발달하지 못해 남성 실업률이 높아 경제활동을 하지 못하면 성격차지수에서 차이가 나는 것이다. 예컨대 아프리카의 르완다는 과거 37년 동안 내전을 치르며 전쟁에서 남성 사망자가 압도적으로 많아 자연히 여성들의 수가 증가할 수밖에 없었다. 여성들이 정치경제 참여도가 높은 것은 당연하다.

　아프리카 국가보다 대한민국 성격차지수 순위가 낮은 것은 이런 이유다. 그렇지만 페미니스트단체는 자신들에 유리한 WEF 자료만 인용한다. 중·고교 각종 참고서도 공신력 있는 국제기구인 UNDP 자료가 아닌 WEF만 사용하며, 학교 시험문제 제출도 하고 있는 실정이다. 여성단체들, 페미니스트들은 대한민국이 성차별국가라는 사실을 부각시키기 위해 사용하지 말아야 할 자료도 당당히 쓰고 있다. 그래야만 여성단체 유지를 위해 예산을 사용하고 권력을 휘두를 수 있기 때문이다. 다시금 강조하지만 대한민국은 성평등 선진국이다. 이를 자랑스럽게 여김과 동시에 자긍심을 가져야 할 이유가 충분하다.

5. 남성 혐오(Misandry)적 서사가 성별 갈등을 만들었다

   페미니즘이 인기를 얻자 남성 식자층은 더 적극적으로 거든다. "남성은 잠재적 범죄자" "남성은 잠재적 가해자"라 서슴없이 부른다. 10대, 20대 남자들은 고통을 호소한다. 한 대학교수는 언론 칼럼에서 "대통령 주변을 페미니스트로 채워라."고까지 말했다.[6] 그 결과 20대 남성 약 80%가 친페미니즘 정책을 실시하는 현 정부에 대한 비판과 불만을 표시한다.

   정치권은 페미니즘 이슈에 대해 모른 척 입을 다물고 있다. 2015년 하순 무렵부터 성 갈등이 폭발적으로 일어나고 있지만 정치인들은 외면한다. 보수 집단에 속해있는 30대 남성 정치인은 정당 내부 분위기에 대해 이렇게 설명한다. "젠더 이슈에 입장을 내면 무조건 손해 본다고 보는 의견도 많다. 그러나 이미 젠더 갈등으로 인한 극한 대립은 동서갈등 못지않은 수준으로 가고 있다. 갈등을 방기하는 것은 정치인의 책무가 아니다. 정치권에서 젠더나 종교는 '건드려선 안 되는' 이슈로 인식되고 있는데, 그런 언급을 두려워하는 것은 비겁하고 무책임하다."고 말한다.[7]

   하지만 입법 활동과 정책과 제도를 만드는 정당 내부에서 위와 같은 목소리를 내는 인사는 전체를 통틀어 불과 1%에 불과하다. 그만큼 페미니즘 비판에는 침묵하고 있는 분위기다. 여성들의 주장에 귀기울이며 페미니즘에 호응하기는 쉬워도 남녀 성차별 문제, 그중에서도 남자들의 역차별 문제는 외면한다. 남자들에게만 부과되고 고정된 역할은 현실적으로 많이 존재한다. 오히려 여성보다 남성들이 더 위험하고 생명을 담보로 하는 직업 종사자가 많다. 그러나 정치권은 남자들이 내는 불만의 메시지나 남성 역차별 문제에 대해 언급하지 않는다.

유명 정치인들은 여성단체들이 요구조건을 내걸면 항상 여성계 편을 들어 말한다. 어느 유력한 인사는 "요즘 페미니즘을 가지고 여성을 과도하게 우대한다는 남자들, 학생들이 있는데, 그건 내가 보기에는 좀 쩨쩨하다. 여태 남자라고 얼마나 으스대고 살았나."라고 말했다.

1020세대 남성들은 이러한 50대 이상 권력층 남성들을 향해 '금수저 꼰대'라 부르며, 성차별에 저항한다. 페미니즘의 여세를 몰아 증가하는 각종 여성전용시설이 성불평등과 역차별을 만든다고 항변한다. 남성들은 2020년 여성가족부 예산 1조1,264억 원 대부분은 여성만을 위해 쓰인다고 생각한다.

페미니즘에 예민한 10대 남자 청소년들은 성불평등 문제에 대해 분명하다. 페미니즘운동의 직격탄을 맞은 이들 중 열에 아홉은 병역 의무를 지기 싫다고 한다. 남자라는 이유로 존중과 보상도 받지 못하기 때문에 '독박 병역'이라 부른다. 이들은 여성우월주의 워마드 사이트 회원들이 퍼트린 군인을 비하하는 용어, 예컨대 '군무새, 군콰이, 군부심, 육병기, 고기방패'라는 말로 조롱하는 것에 대해 크게 분노한다.

3장에서 다루겠지만 미투운동(#Me Too)의 영향으로 지금은 남성들의 성 본능을 규제하는 시대가 되었다. 대표적으로 대검찰청 무고 수사 중단 매뉴얼, 여성폭력방지기본법, 여성가족부 장관이 발표한 '성차별, 성희롱 피해자 포괄적 구제법률 추진' 등 성규제 정책이 있다. 이런 사회적 분위기로 인해 중학교 3학년이라 밝힌 한 남학생은 나에게 이렇게 토로했다.

Q 한 반에서 페미니스트라 자처하는 학생들의 비율과 분위기는 어떤가요?

"한 반에 남녀 학생 비율이 반반인데 전체적으로 약 40%가 자신은 페미니스트라 당당히 말합니다. 남학생이 페미니스트라 자처하는 것은 소수이고, 대부분의 여학생은 페미니스트입니다. 그래서 페미니스트 대 반페미니스트 구도가 생겼는데, 감정싸움으로 변해서 새로운 학교폭력 형태로 나타나고 있습니다. 페미니즘에 대해 비판하고 싶어도 생활기록부 등에 좋지 않게 기록될 것 같아 말도 못하고 있습니다. 언론과 교육이 가장 큰 문제라 생각합니다."[8]

한 20대 남성 청년에게 물었다.

Q 정치권의 친페미니즘 정책에 대한 생각은 어떤가요?

"정치권에서 만드는 제도와 정책이 지금의 청년세대하고는 적합하지 않다고 생각합니다. 현재 586세대 정치인들은 자기들이 살아온 환경과 삶을 토대로 정책과 제도를 만듭니다. 지금 문재인 대통령 지지율도 20대 남성들의 지지율이 60대 이상의 남성보다 더 낮다고 하는데 그 이유는 다 알고 있잖아요? 친페미니스트 정책으로 남성들을 옥죄어도 단단히 옥죄기 때문이지 않겠습니까? 기성세대들이야 아직까지 우리 사회는 여성차별의 잔재가 남아 있다고 주장하지 청년세대들까지 무조건 다 그렇게 생각하진 않습니다. 저 또한 20대 남성이다 보니 요즘 사회는 제도적으로도 남성들을 역차별 하는 게 한두 가지가 아니라고 생각합니다. 그런데 586정치권에서는 남성 역차별을 전혀 모르고 있고 설사 안다 하더라도 남성들은 가부장제 문화 속에서 여성들을 억압하고 살아 왔기 때문에 지금 시대는 남성들이 그 억압을 똑같이 아니, 배로 받아 봐야 마땅한 것이기 때문에 어쩔 수 없는 거라고 말합니다. 그러니 지금의 1020세대 남성들은 남자로 태어난 그 이유 하나가 죄가 되는 거죠. 남녀 갈등은 서로 연대하고 화합하고 서로의 다름을 서로가 존중해야 해소 될 수 있고, 그때 비로소 평등하고 공정한 사회를 이룩할 수 있다고 생각합니다."[9]

이 시대를 살아가는 한 청년의 심경이며 보통 남성의 마음을 대변한다고 생각한다. 이처럼 10~20대 남자들은 자신들이 분명히 성차별을 받고 있다고 생각한다. 현대 페미니즘운동의 모델인 미국의 사정도 다르지 않다. 미국 프린스턴 대학의 정치외교학과 교수이며 힐러리 클린턴이 국무장관 재임 당시, 국무부 최초의 여성 국무부 정책기획국장이었던 앤 마리 슬로터가 프린스턴 학부생들과 대화를 하는 자리에서 있었던 일이다.

여러 가지 주제에 관해 대화를 하고 있었는데 참석자의 절반인 남학생들이 완전히 입을 다물고 있었다. 대화가 너무 일방적이라 지적하며 한 남학생이 "저는 강한 페미니스트 문화가 있는 집에서 자라서 남녀평등을 적극 지지하지만 오해가 생길까 봐 어떤 얘기도 함부로 하기 어렵다."고 말했다. 다른 남학생들도 동의하며 고개를 끄덕였다.[10] 이처럼 페미니즘 이슈는 남자들로 하여금 침묵하게 만든다. 이는 남녀 불평등 해소에 걸림돌이다. 다른 의견을 말할 권리를 박탈당한다는 것은 남녀 모두에게 해로우며 또 다른 억압이다.

젠더 전쟁의 실패학

1. 페미니즘 이데올로기에서 젠더 이데올로기로

청소년 성교육을 전문으로 담당하는 외부 기관 중에 전국청소년성문화센터가 있다. 이 단체는 여성가족부로부터 국고보조금을 교부받아 운영된다. 예산은 국고보조금과 지방자치단체장 승인을 받아 국비와 지방비 50% 매칭으로 집행된다. 전국에 58개 센터가 있으며 대표적으로 서울 소재 '아하서울시립청소년성문화센터'가 있다.

청소년성문화센터는 어린이와 청소년을 교육하는 성 전문교육 기관이다. 초·중등 성교육 지침과 동일한 포괄적 성교육을 토대로 한다. 2018년 초 본격적인 '포괄적 성교육 권리 보장' 방향이 추진되었다. 이는 유네스코, 세계보건기구, 유엔여성기구가 2018년 1월 펴낸 〈성교육 국제 실무 안내서〉에 따른 것이다.

포괄적 성교육(Comprehensive Sexuality Education)을 이렇게

설명한다. "경험적, 감정적, 육체적, 사회적 맥락에서의 성(sexuality)교육을 말한다. 다양성에 기반한 성교육의 목표 역시 청소년이 향후 타인과 원만하게 관계를 맺고 살아가기 위한 지식·기술·태도·가치를 갖추도록 하는 데 있다." 또한 익숙함과 작별할 때라고 말하며 남녀 역할이나 남녀관계에 대한 우리의 오랜 편견을 교육의 힘을 빌어 함께 나가자고 가르친다.

청소년 성교육은 생물학적인 성을 다루는 성(sex)교육에서 벗어나, 섹슈얼리티(sexuality)교육이 주를 이루며 인권과 성평등의 개념을 포괄하는 것이라 한다. '성의 다양성'은 포괄적 성교육에서 비중이 큰 성교육으로 성소수자들의 권리 옹호를 인권 존중을 기반으로 확대하여 교육하고 있다. '전국청소년성문화센터'는 이런 성교육 방향을 적극적으로 도입하여 실천하는 기관이다.

청소년성문화센터는 체험형 성교육, 숙박형 캠프, 성지식 익히기 등 다양한 활동을 한다. 어린이와 청소년에게 평등하고 평화로운 성문화를 실천한다는 슬로건이지만 중심 이론은 급진적 페미니즘이다. 페미니즘 이론에서 성별을 해체하는 젠더 이데올로기를 기반으로 한다.

나는 최근에 청소년성문화센터 몇 곳을 직접 방문하여 성교육의 실태를 확인하였다. 사전에 한 센터 직원으로부터 이곳에서 이루어지는 성 관련 교육 내용에 대해 전달받은 바 있다. 센터 직원이 숙지해야 하는 교육 방침은 예상대로 급진적 페미니즘의 논리와 동일했다. 예컨대 "여성혐오가 만연한 대한민국의 사회구조를 변화시켜야 한다.""남성은 사회적 강자이다. 남성들의 피해에 대해서는 국가가 해결해야지, 사회적 약자인 여성에게 말하면 안 된다." 이런 식이었다.

심각한 점은 근거가 부실한 통계자료와 극소수에 불과한 사례를 가지고 일반화하는데다 감성에 치우친 교육이었다. 남성혐오적인 내용과 전체 남성을 적으로 여기는 자료가 주를 이루었다. 우려할 부분은 어린이와 청소년에게 '성적 자기결정권'을 매우 강조하는 교육이었다. 성적 자기결정권 혹은 성적 의사결정권으로도 불리는데, 내 성은 내가 결정한다는 의미다.

청소년성문화센터는 청소년들에게 성평등, 성인권을 가르치는 중추적인 역할을 한다. 학생들이 센터에서 배우는 성평등 개념이 "내 성, 내 역할을 내가 정한다." 그리고 "여성성 및 남성성의 틀인 성역할 고정관념을 없애자."에 중점을 두는 것이 올바른 교육인지 학부모들과 교육계는 의문을 가져야 한다.

내가 방문했던 '아하서울시립청소년성문화센터'의 로비에는 학생들의 '성평등 공모전 수상작' 그림들이 전시되어 있었다. 수상작들을 보면 대부분이 여성다움, 남성다움을 정하는 사회는 성평등을 실현할 수 없다는 설명과 함께 남녀는 얼마든지 성별이 서로 바뀔 수 있다는 식으로 그림이 그려져 있었다. 중·고교생들에게 성별은 마음먹기에 따라 변할 수 있다는 젠더 이데올로기가 깊숙이 뿌리내리고 있음을 인식하였다.

덧붙여, 청소년성문화센터 직원들의 성비 불균형도 문제다. 열 명 중 여덟 명 정도가 여직원으로 성비 차이가 크다. 학교 성교육 강사의 절대 다수가 여성 강사로 이루어진 것과 같은 현상이다. 성교육 전반을 여성들이 압도적인 비율로 차지하고 있는 현실은 시급히 개선되어야 한다. 남자에게는 남자 성교육 강사가 필요한 부분도 있으며, 여자에게도 남자 강사가 필요하다.

2. 소년들의 불만, 남자들이 다 가졌다고?

최근 들어 더욱 강화된 학교의 페미니즘 이데올로기 편향성과 성교육 수업은 대다수 남녀 학생들이 받아들이기에 벅차다. 페미니즘과 더불어 성인지 감수성, 여기에 폭력 감수성까지 남학생들에게 신종 감수성을 요구한다. 페미니즘에는 두 가지 구도만 존재한다. 남성은 억압자이며 여성은 희생자 둘 중 하나다. 그렇기 때문에 성 갈등 문제는 페미니즘을 내세우는 순간 해결되기 어렵다. 페미니즘은 양극화된 논쟁이 불가피한 이데올로기다.

지난 몇 년 간 우리 사회의 담론을 이끈 키워드는 '성인지 감수성(Gender Sensitivity)'이다. 페미니스트들이 만든 사회적 용어 '성인지 감수성'이란 무엇일까. 성인지 감수성 담론의 중요한 기점은 1995년 중국 베이징에서 열린 제4차 유엔여성대회였다. 이 대회에서 '젠더 평등(Gender Equality)'이라는 용어가 공식적으로 등장하였다. 이후 '젠더' 어젠다가 여성계의 중심 관점이자 전략으로 자리 잡았다. 젠더 어젠다는 성인지 감수성 향상 교육으로 발전하였다.

여성계는 '성인지 감수성'이란 "성별 간의 차이로 인해 일상생활

속에서 차별과 불균형을 인지해 내는 민감성이다."라고 정의한다. 양평원은 성인지 감수성을 이렇게 설명한다.

"단지 남자라는 이유로 혹은 여자라는 이유로 비하하고 불이익을 줄 수 있는 말과 행동을 섬세하게 포착할 수 있는 것이 성인지 감수성이다. 특정성이기 때문에 비하하고 차별하는 어떤 말과 행동도 당연한 것은 없고 누구도 그렇게 행동할 권리도 없다."

어떤 설명으로도 성별을 인지하는 감수성, 즉 느낌으로 편견이나 차별을 하지 말아야 한다는 의미를 알기는 어렵다. 성인지 감수성에 대한 정의는 모호하고 주관적으로 해석될 여지가 너무나 크다. 매우 부자연스러운 데다 역차별적이다. 그리고 젠더 페미니즘의 핵심인 성인지 감수성은 여성의 위치와 역할에 있어 구조적 단점을 인지하고, 그런 사례에 중점을 두는 것이다. 다시 말해 성인지 감수성은 여성을 위한 감수성으로 남성은 배제한다. 소년들의 불만도 여기에 있다.

근래 들어 더욱 강력해진 정체성 정치가 사회 전반에 영향력을 끼치고 있다. 급진적 페미니즘은 정체성 정치로 발전되었고 '정치적 올바름(Political Correctness:PC)' 운동으로 이어졌다. PC주의라 부르는 '정치적 올바름'은 1990년 무렵 미국 학계에 등장하여 현대 사회의 하나의 트렌드를 형성하였다. PC주의는 좌파 정치에서 탄생한 사회운동이다. 소수자들을 배제하거나, 차별하는 표현이나 언어는 올바르지 않다는 신념을 말한다. PC주의는 페미니즘과 결합하여 성별이나 성소수자 문제에 있어 올바름을 강조하는 트렌드를 만들었다. 현대 페미니즘은 더 복잡해지고 새로운 논쟁으로 진행되고 있다. 페미니즘운동과 함께 PC주의는 남성들에게는 오히려 억압적이며 역차별을 만든다. 이런 상황은 남자 청소년들에게 깊은 심리적 상처를 준다.

남자 청소년을 포함한 밀레니엄 남성들은 이런 시대적 요구에 항변한다. "요즘 마초들이 어디 있으며, 남성들 중 다 가진 남성이 얼마나 되나? 대다수의 남성들은 가진 것이 없다. 여성을 억압할 마음도 없지만 할 수도 없는 현실이다. 기성세대 남성들은 과거에 권위라도 있었지만 현대 남성들은 권위조차 사라졌다. 집에서 치킨이 먹고 싶어 배달 주문하려 해도 어머니 허락을 받아야 한다."고 말이다.

현대 사회에서 하이퍼 남성성은 소멸되고 있는 현실이다. 밀레니엄 세대는 그 어느 세대보다 양성평등한 환경 속에서 성장하였다. 남자애들보다 여자애들이 더 똑똑하고 공부 잘하는 경우도 흔하다. 대학진학률만 해도 여학생 75%, 남학생 68%로 격차는 갈수록 더 벌어지고 있다. 행정부 국가공무원 중 여성 비율은 2017년 처음으로 50%를 넘어 계속 증가하는 추세다. 48개 중앙부처 여성 공무원 비율이 가장 높은 곳은 경찰청으로 75.1%를 차지하고 있다. 전통적으로 남성의 영역이라 여겨지는 분야에서 여성들의 사회적 성취는 그 어느 시기보다 높다. 주위를 봐도 알파걸들이 얼마나 많은가. 밀레니엄 세대 남성들은 우리 사회가 남성 중심적이라 생각하지 않는다. 그럼에도 페미니즘 부상과 함께 성인지 감수성을 요구받고 있다. 현재 한국 사회 곳곳에 영향력을 끼치는 담론은 성인지 감수성이다. 이미 대법원 상고심에서도 '성인지 감수성'은 법원 판결의 판단 기준이 되었다.

학교 성교육 수업도 '성인지 교육' 요소가 중요한 부분을 차지한다. 양평원의 성인지 교육에 대한 설명을 다시 들어보자.

"우리는 일상적으로 남자에게는 남자답게 행동하고 여자에게는 여자답게 행동하라는 일련의 상황들을 자주 목격합니다. 이러한 성 역할 고정관념은 타인에게 편견과 차별을 자극시킬 힘을 가지고 있을 뿐만 아니라 우리 자신의 활동이나 능력을 제한합니다. 이에 따라, 일상 속 성차별적 언어, 고정관념과 현상, 대응방안에 대해 살펴볼 것이며, 일상생활에서 어떤 노력과 실천이 필요한지를 탐색해봅니다."

그렇다면 '남자는 남자답게, 여자는 여자답게'라는 것이 성 역할 고정관념이며 여기서 벗어나야 하는가? 지금 시대는 남자다움, 여자다움을 강요하지도 않는다. 하지만 남자다움, 여자다움이라는 고유의 정체성과 여자와 남자는 본질적으로 차이가 있다는 사실이다. 남자다움, 여자다움을 포기할 필요도 없으며 사라지지도 않는다.

3. 페미니즘으로 고통 받는 여학생 탈코르셋

　현대 페미니즘은 '성 정치(Gender politics)'를 전면에 내세웠다. 페미니즘은 남성을 강력한 적으로 규정하며 성 전쟁 중이다. 그러자 페미니즘 지지 여부에 따라 동일 세대 여성들 간의 분열, 반목, 단절이 심각한 수위에 이르렀다. 10대 여자 청소년들의 페미니즘 추종은 매우 급진적으로 전개되고 있다.

　중·고교 여학생들의 맹목적인 페미니즘 경도는 폭력적인 양상으로 나타났다. 페미니즘을 받아들이지 않거나 유보적인 입장인 동급 학우에게 정도를 넘어선 언어폭력으로 압박을 가하고 있다. 나에게 조언을 구하거나 하소연하는 대부분이 10대 여학생들로 정신적인 부담과 함께 학업에 지장을 받고 있을 정도였다.

　1970년대 초 신진 페미니스트는 '자매애'를 강조한 페미니즘운동이었지만 현재는 자매애란 이름으로 대동단결하기에는 현대 사회는 너무나도 다층적이고 다차원적이다. 계층별, 직업별, 사회적 지위별로 여성들의 삶은 매우 차이가 크다. 70년대 방식의 페미니즘운동을 우리 한국 사회에 적용시키다 보니 남성과 여성, 여성과 여성 간의 단절과 분리가 심화되는 것이다. 젊은 남녀의 단절에 이어 페미니스트들의 파시즘적 집단주의 행태는 여성과 여성의 단절로 이어진다. 페미니즘은 타고난 여성성의 가치를 폄하한다.

두드러진 갈등이 페미니즘 부상과 함께 일어난 탈코르셋의 유행이다. 여자 대학생들의 열띤 호응으로 바람을 일으켜 중·고교 여학생까지 영향을 미쳤다. 남성지배 문화가 만든 아름다움, 사회적으로 여성에게 강요하는 '코르셋'을 거부한다는 운동이다. 대학가는 여자 대학생들의 뜨거운 참여로 탈코르셋 선언 대자보가 경쟁하듯 붙었다. 한 여자 대학교 게시판에 붙은 '탈코르셋 선언문' 중 일부다.

"우리는 화장할 자유가 아닌 화장하지 않을 자유, 제모할 자유가 아닌 제모하지 않을 자유, 남성을 사랑하고 결혼할 자유가 아닌 사랑하지 않고 비혼 자유다. 탈코르셋운동은 단순히 개인의 편함을 위한 운동이 아니다. 사회적으로 여성에게만 부여된 코르셋을 벗어 던지자. 코르셋은 당신이 여성이라는 것을 끊임없이 증명하기 위해 만들어졌다."

페미니스트들은 머리를 짧게 자르고, 화장품을 쓰레기통에 버리며, 꽃무늬 옷을 가위로 자르는 인증 사진을 SNS에 올리며 동참을 요구하였다. 학교마다 여자 화장실 거울 옆에는 "경고- 거울에 비친 모습은 사회적으로 만들어진 '미'의 기준에 의해 왜곡되어 보일 수 있습니다." "사회적 여성성을 수용하는 당신이 바로 여성인권의 적이다."라고 쓰인 프린트물이 부착되어 있다. 이들은 자신들만의 탈코르셋 행위를 넘어 학우들이 동참하기를 종용하며 학내 갈등을 일으켰다. 선배 여학생들은 후배들에게 탈코르셋을 강요하는 분위기가 팽배하였다.

탈코르셋운동 동참을 강요하는 학내 상황은 이를 거부하는 여학생들에게는 힘든 시간이었다. 탈코르셋운동에 동참하지 않는다고 학우들로부터 따돌림을 호소하는 여학생들이 고민을 담은 메일을 수십 통씩 나에게 보내왔다. 다음 사례는 여자 대학생, 여자 고등학생이 이메일로 보내온 사연들이다. 이름은 가명으로 처리하였다.

미경이 다니는 여자 대학교내 커뮤니티

"미경, 자퇴해서 좋아하는 한남 찾아 떠나는 게 어때요? 나랑 같은 학교 다니는 게 진심으로 역겨워 토하고 싶어요. 한남한테 이쁨 받고 싶으신 마음 알겠는데 제발 SNS에서 우리 학교 이름 달고 나대지 않았으면 해요."

여자 고등학생 성은은 학우들로부터 SNS에서 욕설로 가득한 댓글을 여러 개 받았다.

"저는 고등학교 재학 중입니다. 평소 예쁘게 꾸미는 걸 좋아하고 옷이나 화장에 관심이 크답니다. 학교에 페미니즘에 빠진 급우들이 참 많은데요, 제가 어느 날 학원을 가면서 꽃무늬 원피스에 화장 한 모습을 본 같은 반 페미들이 SNS에서 저에게 욕설을 하기 시작했어요. "한남충에게 잘 보이고 싶냐? xx 꽂아라, x빨......." 입에 담지 못할 욕설을 하며 따돌리기 시작했어요. 너무나 힘듭니다. 왜 예쁜 옷 입으면 안 되나요. 내가 입고 싶어서 선택한 옷이고, 화장도 하고 싶어요. 남자들에게 잘 보이려고 그런 게 아니고 내가 좋아서 입고 화장하는 건데요. 페미니스트들이 너무 싫고 학교 다니기 괴롭습니다."

여자 대학교 재학 중인 은하는 페미니즘으로 인한 학내 분위기를 알려왔다.

"요즘 20대 친구들이 잘못된 길을 걷고 있어요. 10대 여학생들에게 나쁜 영향을 주고 있어 너무 안타깝고 미안한 마음이 듭니다. 슬프고 부끄러운 현실이에요. 페미니즘 현상이 옳지 않다고 생각하는 여자 대학생들도 많지만, 페미니스트들이 폭력적이라 제대로 틀렸다 말도 못한 채 숨어있는 친구들이 많아요.
그런 친구들도 나서서 사회를 바꿀 수 있도록 다 같이 힘을 보태고 토론할 수 있는 분위기가 만들어지면 좋겠어요. 열심히 공부해서 20대 여성으로서 지금 우리 사회에서 일어나고 있는 일들에 대해 바로잡는데 기여하고 싶습니다."

더욱 심한 경우는 여자 중학생들이었다. 학년이 낮을수록 언어폭력의 강도는 극심해 차마 본 책에서는 공개하지 못할 사연은 수십 개에 이른다. 여학생들의 황당하기 짝이 없는 탈코르셋운동은 페미니즘 황금기에 벌어진 한편의 블랙코미디였다.

아름다움 추구는 남녀 불문 인류 고유의 본능이다. 물론 서구 페미니즘 역사도 이런 과정이 존재한바 있다. 미국 페미니스트 작가 나오미 울프는 1990년 출판한 『무엇이 아름다움을 강요하는가』에서 "아름다움이란 현대 서구사회에서 남성의 지배를 공고하게 하는 마지막 신념체계"라 주장하였다. 또 다른 레즈비언 페미니즘 연구자인 안드레아 드워킨은 1974년 출간한 『여성 혐오』에서 오늘날 국내 페미니스트들에게 대유행을 일으킨 탈코르셋의 원조 격으로 이렇게 주장하였다.

"아름다움 추구는 남성우월주의 문화에서 여성을 혐오하는 하나의 측면이다. 꾸미기 관행은 여성의 삶과 신체에 악영향을 끼친다. 시간 낭비, 돈 낭비, 자존감을 해친다."

서구사회 페미니스트들이 수십 년 전에 벌였던 탈코르셋운동을 포함한 페미니즘 사상이 뒤늦게 국내로 들어오면서 일어난 현상이다. 또 다른 여자대학생은 친구로 지내는 학우로부터 "남자 친구는 왜 사귀냐? 결국 남자 친구에게 죽임을 당할 것"이라는 극언을 듣자 친구 관계도 멀어졌다. 남자 친구와 사귀며 좋은 사이를 유지하고자 하는 여학생들은 페미니스트들의 눈치 보는 것이 심적 부담이 크다고 한다.

페미니즘의 주요 모토 중 하나가 "우리는 연결될수록 강하다. 자매애는 강하다." 이런 슬로건으로 여성들을 묶으려 한다. 자매애, 즉 시스터후드라는 이름으로 억지로 페미니즘에 편입시키려는 방식은 잘못되었다. 페미니스트가 모든 여성들을 대변하지도 않을뿐더러 모든 여성이 페미니스트가 될 필요도 없다. 더구나 페미니즘이 오히려 여성을 억압하고 여성에게 성차별을 저지른다면 페미니즘운동은 명백히 잘못되었다.

4. 젠더 이데올로기 '성중립(Gender-neutral)'사회로

　젠더 페미니즘은 포스트모더니즘의 해체주의와 결합하여 남자와 여자의 성적 차이를 해체한다. 그리하여 '성중립사회'로 나아가는 것을 동력으로 삼는다. 성중립은 생물학적 성별(sex), 사회적 성별(gender)이 가진 편견에서 벗어나 동등한 성을 지향한다. 앞서 말했듯 학교 성인지 교육은 성역할 고정관념을 없애는데 초점을 맞춘다. "타고난 성별, 성 정체성, 성 역할의 구분은 할 필요가 없다. 이것을 구분하면 차별이요 혐오다."라는 것이 핵심이다. 그러므로 모든 성이 비슷해지는 성중립사회를 지향하는 것이 젠더 페미니즘이다.

　페미니스트들이 말하는 성역할 고정관념 없애기는 사회적 용어를 근본적으로 바꾸고 또 사회구조를 바꾸고자 한다. 성중립 언어, 즉 여교사, 여의사, 여변호사, 여승무원, 여직원, 여배우 등을 지칭하는 언어에서 성별 표기를 하지 말자는 뜻이다. 그렇다면 성별을 표기하는 것이 차별인가? 지구상에 남자와 여자가 있으니까 성별 구분은 당연하다. 앨런 소칼, 장 브리크몽은 공저 『지적 사기』에서 "알고 보면 무의미한 구절과 문장을 가지고 장난을 친다. 단어에만 외곬으로 빠져드는 심각한 중독 증세를 보인다." 페미니스트들이 새겨 들어야 할 예리한 지적이다.

국내 공공 화장실 같은 시설물도 성중립 화장실을 설치하기 시작하였다. 성중립 화장실(All Gender Restroom)은 성별 관계없이 누구나 이용 가능한 공동 화장실이다. 화장실을 성별 이분법으로 나뉘는 것은 성소수자에 대한 편견과 차별이므로 개선한다는 취지다. 박원순 전 서울시장은 이 문제에 대해 누구보다 적극적이었다. 서울시 '제2차 인권정책 기본계획'에 "성중립 화장실인 '모두를 위한 화장실'을 시범 운영하겠다."고 선언했다. 현재 서울시는 성중립 화장실 설치를 꾸준히 늘려가고 있다. 지난해 서울광장에서 개최된 서울퀴어문화축제 당시에도 성중립 화장실을 설치하여 운영한바 있다.

성중립사회 지향은 아동용품, 아동문학에서 표현되는 성별 이분법을 바꾸는 것도 주력을 한다. 아동 그림책, 아동문학에 그려지는 인물과 묘사에서 성차별적 관습을 찾아낸다. 예컨대 여자 아이는 분홍신, 분홍 모자, 분홍 리본으로 설정되는 고정관념을 말한다. 남자 아이는 파란색 옷을 입고 활발한 놀이를 하는 고정관념이다. 남자는 왕자 여자는 공주로 전개되는 동화책 등에서도 고정관념 요소를 가려낸다. 전래동화 및 아동문학을 비롯하여 문학작품 전반에 걸쳐 성역할 고정관념에 대해 문제점을 찾아내 제기하는 시대가 됐다.

그렇다면 남녀 화장실을 분리하는 것은 성 차별이고, 남녀 그리고 성소수자가 함께 공동으로 사용하는 성중립 화장실 설치가 성평등으로 나아가는 사회인가. 요즈음 부모들은 여자 아이는 분홍색, 남자 아이는 파란색으로 굳이 정해서 양육하지도 않는다. 페미니스트들의 소망대로 모든 영역에서 성역할 고정관념을 없앤다 치자. 성 차이가 어느 정도 축소될 수는 있어도 사라지지 않는다. 건강한 남성성, 건강한 여성성에서 드러나는 자연스럽고 본질적인 차이는 당연함에도 무엇이 문제라고 이토록 호들갑인가.

다시 말해 성중립사회 지향은 과도한 보편화의 산물이지, 남자와 여자의 본질적인 차이는 변함이 없다. 물론 현대 사회가 전통적인 남자다움, 여자다움에서 점차 탈출한 것은 맞다. 1980년대 중반 무렵부터 유행되기 시작한 중성적인 패션 '유니섹스(Uni-Sex)' 현상에서도 찾을 수 있다. 그러나 이러한 현상은 자기다움의 표현, 패션에 있어 자기표현의 하나다. 성중립사회 지향이 성별 고정관념과 차이를 없앤다고 믿는 사회는 매우 끔찍하다.

교육현장의 추세에 발맞춘 듯 페미니즘을 실천하는 남자 교사들도 눈에 띈다. 강원도 원주 한 초등학교 남교사는 치마를 입고 출근하였다. 아이들에게 여자와 남자는 다르지 않다며 남교사는 이렇게 그 이유를 말한다.

"2018년 겨울에 치마를 입고 출근했습니다. 여자와 남자라는 이분법 구조로 한 개인을 판단해선 안 된다고 생각합니다. 사람은 모두 다르며, 성역할은 사회가 만드는 것입니다. 2년 동안 열심히 학생들을 가르쳤지만, 말만 한 것 같았죠. 그래서 말과 교육이 일치한 삶을 살고자, 치마를 입고 등교했습니다. 교사의 삶은 교사 마음이지만, 아이들에게 보여주는 삶은 교육과 일치해야 효과가 있다고 생각합니다."[11]

남자 교사의 말을 들으면 이제 막 초등교육을 받기 시작한 학생들에게 성역할 고정관념 깨트리기가 그렇게 중요한 문제인지 의문이 든다. 남자 아이와 여자 아이는 서로 본질적으로 다르다는 가장 단순한 사실을 인정하지 않는 것일까. 발달 단계에 있는 남자와 여자는 자연스럽고 건전하게 성장하도록 내버려두는 것이 바람직하지 않는가. 초등학교부터 페미니즘, 즉 여성주의를 가르치고 주입하는 것은 사상의 강요이자 또 다른 형태의 억압이다. 페미니즘에서 그토록 없애고자하는 성차별을 또 다른 성차별로 대체하는 행위다. 초등학교 교사가 자라나는 아이들의 미성숙한 인격과 개체를 멋대로 건드리고 침해하는 것은 심각하게 잘못되었다는 생각을 지울 수가 없다.

페미니즘은 이데올로기이며, 사회운동이자, 정치적 실천운동으로 페미니즘의 여러 가지 유형과 분파에 따라 이념도, 정치적 실천 방향도 다르다. 더욱이 페미니즘은 사회운동이기 때문에 청소년들이 자신의 가치관과 정체성이 무르익은 후 스스로 선택하도록 해야 한다. 일방적인 페미니즘 교육, 남성혐오 서사가 흐르는 성교육의 방향은 전면 재검토돼야 한다.

5. 학교 안으로 침투한 젠더 이데올로기

한 고등학교 게시판에 붙어있는 성평등 주제 포스터다. 포스터에는 소년과 소녀가 나란히 그림으로 그려져 있다. 남녀 그림에는 〈남성(andro) + 여성(gyne)〉이라고 설명이 붙어있다. 이 그림은 무엇을 말하는 것일까? 학생들은, 또 학부모들은 그림처럼 남과 여를 합쳐서 '안드로진'이라 부르는 이유를 이해할까? 왜 남성이면 남성, 여성이면 여성이지 남과 여를 혼합하여 그렸을까.

안드로진(Androgyne)은 남성과 여성이 혼합된 젠더 형을 말한다. 스스로 남성과 여성, 즉 양성 혹은 중성의 성 정체성을 가지고 있다고 인식한다는 의미다. 그런데 이 포스터를 부착한 학교는 다음과 같이 설명한다.

"남성과 여성이 갖고 있는 바람직한 특성들을 함께 지니는 것을 의미. 심리적 양성성을 지니는 사람은 남성과 여성의 특성이 모두 요구되는 상황에서 다른 집단의 사람들에 비해 더 훌륭한 수행을 하는 것으로 밝혀짐."

남성과 여성이 혼합되면 더 훌륭한 일을 수행한다(?)는 학교 측의 이러한 성교육은 미성년자를 대상으로 한 젠더 이데올로기가 교육

현장에 상당히 깊이 들어가 있음을 보여준다. '타고난 성별은 중요하지 않다, 성별은 얼마든지 바꿀 수 있다'는 것이 바로 젠더 이데올로기다. 그러나 이는 근본적으로 타고난 성별 간 특징과 차이를 뒤흔들고, 차별과 차이를 구분하지 않는 성교육 방침이다.

젠더 이데올로기는 학교를 넘어 국가기관으로 구체화되기 시작했다. 〈국가인권위원회〉에서 공문서 양식에 성별 표기를 남, 여 그리고 '지정되지 않음'(직접 기입)이 들어간 항목으로 변경되었다. '지정되지 않음'이란 제3의 성, 즉 성별을 선택할 수 있는 항목을 말한다. 남녀 이분법이 아닌 이른바 '성별 자기결정권'이 반영된 것이다. 이는 성별 재구성이 본격화 되었다는 의미다.

이로써 성적 정체성과 성적 지향, 성의 다양성을 담은 포괄적 성평등을 집요하게 추진해온 페미니스트계의 젠더 이데올로기는 국가기관의 공문서를 통해 정식화되기 시작하였다. 서구 페미니즘은 이미 젠더 이데올로기로 진화하였다. 페미니즘교육은 일그러지고 왜곡된 성평등 교육으로 초·중·고교에 침투하여 어린아이들은 젠더 개념을 가지고 있지 않다고 주장한다. 따라서 태어날 때는 정해지지 않았던 성별 정체성이 나중에 사회화 과정을 통해 고정되고 형성된다고 주장한다.

심각한 초등학교 젠더 교육

초등학교는 어떨까. 2017년부터 경기도 고양시 소재 초등 교사로 구성된 〈초등젠더교육연구회 '아웃박스'(think outside of the box)〉는 초등 교실부터 '성평등 프로젝트'를 시작하여 현재 경기도, 서울을 중심으로 범위를 넓혀가고 있다. '아웃박스'는 고정관념을 깨뜨린다는 의미로 젠더 교육과 미디어 교육에 주력하고 있다. 미디어에 드러난 성차별과 혐오성 언어의 문제점을 찾아내고, 성별 고정관념을 깨뜨리는 교육을 한다. 연구회 교사들은 슬로건을 "여자답게 남자답게? 아니 나답게!"를 내세우는 젠더 감수성 교육이라 소개하고 있다. 일례로 연구회 교사들은 초등학생들과 함께 대중가요 가사 속에서 성 고정관념 찾기, 폭발적인 인기를 누리고 있는 동요 '상어 가족'에 담긴 성 차별, 성 고정관념 찾기 활동 등을 하고 있다.

이러한 교육의 심각성은 초등학교부터 건강한 여성성, 건강한 남성성을 위협하는 데 있다. 문제는 이러한 성평등 교육이 본래의 여자다움, 남자다움을 성 차별이자 성 고정관념으로 본다는 점이다.

현대는 여자답게 남자답게를 강요하는 시대가 아니다. 여자답게 남자답게 가치를 폄하할 이유도 없다. 남자다움을 포기할 필요도, 여자다움을 포기할 필요도 없다. 전통적으로 남녀는 상호책임과 상호 의존적인 역할 분담으로 인류 문명은 발전해 왔다. 왜 자연스러운 양성의 조화를 성 고정관념이라는 명분으로 깨뜨리는 것인가? 빈대 잡 겠다고 초가삼간 태우는 격이 아니고 무엇이란 말인가.

6. 젠더 옵션, 젠더 라벨

오늘날 교육 현장에서 일어나는 현상은, 페미니즘 조류 제3물결에 해당하는 1970년대 말 무렵 등장한 포스트모던 페미니즘의 영향을 받았다. 포스트모던 페미니즘은 젠더와 성의 경계를 해체하고, 성은 고정되어 있지 않으며 동성애와 이성애, 성전환의 경계를 없앴다.

이것이 퀴어 이론, 즉 동성애 이론으로 발전하여 퀴어 됨을 연출하는 여장남자(drag), 퀴어 퍼레이드 유행을 만들었다. 철학자이며 레즈비언 페미니스트인 주디스 버틀러는 성 정체성 전복을 부르짖으며 섹스와 젠더 이분법을 허물자고 외치며 성 정체성은 수천 가지의 조합이 연속적으로 가능하다고까지 주장한바 있다.

전국교직원노동조합(전교조)은 더욱 적극적이다. 전교조는 2017년 9월 2일 학교에서 성소수자 교육을 실시하겠다는 특별 결의문을 발표한 바 있다. 전교조 측은 "개인의 신체적 권리를 중심으로 하는 폐쇄적인 현재 성교육에서 탈피해 성적 정체성과 성적 지향을 담는 성평등·페미니즘교육이 필요하다. 아울러 남자다움과 여자다움 안에 학생들을 가둬놓을 수는 없다. 학생들이 현재의 여성, 성소수자에 대한 혐오를 비판적으로 볼 수 있는 힘을 갖도록 교육 하겠다."는 것이 결의문 골자였다. 이는 학교 성평등교육 및 페미니즘교육은 전교조 교사가 주축이 되어 조직적으로 실시되고 있음을 분명히 보여준다.

'성의 다양성'을 중요하게 여기는 조류에 휩쓸린 요즘 청소년, 대학생, 동성애자, 페미니스트들이 부쩍 자신의 성별을 복잡하게 규정하는 현상이 눈에 띄게 늘어나고 있다. 이것은 성 정체성(gender identity) 분류를 말하는데, 일반적으로 남성과 여성으로 구분되는 두 개의 성별에서 벗어나 수 십 가지 젠더 옵션을 만들어내고 있다. 처음에는 성 정체성을 나타내는 약어도 LGBTQ에서 LGBTQIAAP[12]로 확장되고 있다. 게다가 71개, 63개니 하는 젠더 옵션 분류로 안드로진, 안드로이드, 시스젠더, 시스메일, 데미 걸, 데미 보이, 에이젠더, 넌 바이너리 등 이름도 생소한 명칭들이다.

한 여자 대학생은 자신의 성 정체성을 이렇게 설명한다. "나는 에이로맨티스트 그레이섹슈얼 판섹슈얼 성소수자이다." 그런가하면 21살 남성 청년은 한 TV프로그램에 출연하여 자신의 성 정체성을 이렇게 소개한다. "생물학적으로 정해진 성이 아니라 내 성별은 내가 결정한다, 나는 호모로맨스 에이섹슈얼 안드로진이다." 이 말은 정서적으로는 동성에 끌리고 육체적으로는 아무에게도 끌리지 않으며 내면에는 양성이 동시에 존재한다는 의미로 해석한다.

이와 같이 근래에 들어 자신의 성 정체성에 여러 가지를 조합해서 분류하는 경향이 유행처럼 퍼지고 있다. 성 정체성 분류에만 그치는 것이 아니라 성적 취향, 로맨틱 취향까지 세분해서 스스로에게 라벨을 붙이는 실정이다. 이런 젠더 분류는 청소년들에게까지 영향을 끼치고 있다. 이런 식이라면 머지않은 장래에 자신의 성 정체성을 나열한 표식을 부착하고 다녀야 하는 세상이 올지 모른다. 성 정체성을 인지 못한 타인이 외모만 보고 잘못 불렀을 경우에 '차별이다' '혐오다'라는 말을 듣는 날이 현실이 될 수 있다. 초·중등교육에 포괄적 성교육이란 이름으로 '성의 다양성' 존중의 결과가 청소년에게 어떤 결과를 가져 올지 두렵다.

초·중·고·대학교에 이르기까지 학생들의 성평등 교육의 기본 원리는 천편일률적이다. 언제나 여성은 피해자, 약자이며 남성은 폭력적이고 여성을 억압하는 존재로 상정하고 있다. 또한 성평등 교육을 하는 강사의 단골 소재가 매년 열리는 퀴어 퍼레이드 슬라이드, 혜화역 시위 사진, 미투 운동 지지, TV 드라마 속의 남성과 여성의 관계의 부당함 따위를 강조한다. 성평등 교육을 한다면서 편파적이고 남성과 여성의 자연스러운 상호 보완적인 부분을 파괴하는 꼴이다.

미투 운동(Me Too)의 실패학

1. 페미니즘과 결합한 미투 운동

국내 미투 운동의 특이점은 페미니즘운동에 이어서 발생하였다는데 있다. 페미니즘이란 불길에 미투 운동은 기름을 끼얹은 듯 더욱 거세게 불타올랐다. 앞장에서 본 것처럼 2015년 하순부터 페미니즘 광풍이 한국 사회를 휩쓸었다. 여성계는 이를 지렛대로 삼아 2016년 9월에는 '새로운 페미니즘 주체들'이란 칭호로 '영페미니스트'들의 등장을 허락하였다. 영페미니스트들은 탈코르셋운동을 주도하며 2018년을 맞았다.

2018년은 미투 운동의 해로 불릴만하다. 한편으로 페미니즘운동은 문재인 정부의 친페미니즘 정책으로 대거 수확물을 거둔 해 이기도 하다. 게다가 영페미니스트가 주축이 된 서울 혜화역 시위가 5월부터 12월까지 6차례 열렸다.

혜화역 시위 발단 원인은 5월 1일 급진 페미니스트들이 모인 극단적인 남성혐오 인터넷 커뮤니티 '워마드'에 한 남성 모델 나체 사진이 게시되면서 시작됐다. 홍익대 회화과 누드드로잉 수업 중 남성 모델 나체 사진을 몰래 촬영해 워마드 사이트에 올린 사건이다. 워마드 회원으로 밝혀진 피의자가 열흘 만에 구속되자 "여자라서 빨리 잡았다."는 이유로 '불법 촬영 편파 수사 규탄 시위'를 벌였던 것이다. 이들은 '불편한 용기'라는 임의 단체를 만들어 5월 19일 1차 혜화역 시위를 시작으로 연말까지 총 6회를 하였다.

이들의 막무가내 적반하장 격 시위는 각 여성단체의 측면지원, 물밑작업으로 공권력마저 무력화시키는 지경이 됐다. 그럼에도 여성가족부 장관, 행정안전부 장관 등 정부측 인사들은 이들을 옹호하며 달래기에 나섰다. 두 번 다시 보기 불가능한 한 편의 블랙코미디였다. 워마드 게시판에는 문재인 대통령을 나체 상태인 남성 모델과 얼굴만 바꿔 포르노물로 극한 조롱을 자행하지만, 통제 불가능한 상태였다. 가장 큰 피해자인 남성 모델에 대한 잔인한 인권모독의 행태였다. 그러나 이들의 광적인 행위를 여성계는 물론이요, 사회 지도층 인사들 중 어느 누구도 지적하지 않았다. 그만큼 페미니스트계의 권한은 막강했으며 모두가 눈치를 보는 지경이 됐다.

2. Me Too : 미국에서 시작된 성희롱 성폭력 고발 캠페인

미투 운동은 2017년 10월 경 미국 할리우드 거물 영화제작자 하비 와인스타인의 성희롱, 성추행 행각이 폭로되면서 시작되었다. 1952년생인 하비 와인스타인은 30년 이상 영화계에서 성폭행을 일삼은 혐의로 2018년 기소되어 23년형이 선고됐다.

미투 캠페인의 시발점은 미국 여배우 알리사 밀라노다. 그녀는 SNS에서 '해시태그(#) 미투(Me Too)에 동참하라'을 주도하였다. 미투 슬로건은 빠른 속도로 퍼져 미국은 물론 대략 2주 만에 전 세계 주요 국가로 전파되었다. 이후 유명한 남성들의 성추문이 연달아 폭로되기 시작하였다. 서구 주요 국가의 여배우, 여성 예술가, 여성 운동선수가 "성폭력을 당했다."고 고백에 동참하였다.

할리우드의 톱스타 여배우들의 잇단 미투 지지 선언과 리더가 등장하였다. 여배우 로즈 맥고완, 이탈리아 유명 여배우 아시아 아르젠토를 꼽을 수 있다. 아르젠토는 칸영화제에서 자신은 하비 와인스타인에게 21세에 강간당했다고 폭로하며 미투 운동의 리더로 떠올랐다. 그러나 2018년 8월 '뉴욕 타임스'에 아르젠토가 당시 17세 미성년자인 배우 지미 베넷과 성관계를 가졌다는 사실이 폭로되면서 할리우드에서 시작된 미투 운동은 심각한 타격을 입었다.

"미투는 여성운동이 아니다"

버크는 2006년 성폭력 피해자들을 위한 비영리단체를 만들면서 미투 운동을 시작하였다. 위기 청소년을 돕기 위한 캠프를 운영하다 성폭력을 당한 청소년을 만난 것이 계기가 됐다. 버크 자신도 어렸을 때 유사한 경험을 하였다고 고백하면서 "나도 당했다(미투)."고 말했다. 미투 운동이 대중적 관심을 받게 된 사건이 할리우드 영화제작자 하비 와인스타인 성추문이다.

버크는 유명 남성을 상대로 연일 폭로되는 성폭력 고발에 대해 깊은 우려를 여러 차례 나타냈다. 버크는 "성폭력에서부터 살아남은 생존자를 위한 운동이었던 미투가 갑자기 남성에 대한 복수, 음모 따위로 치부되기 시작했다. 미투를 '마녀사냥' 프레임으로 만드는 언론 때문에 미투 운동의 실체를 알아볼 수 없게 되었다."고 우려하였다.[13]

버크는 미투의 본래 목적인 소수인종 여성, 아동 청소년들이 자신의 피해 사실을 드러낼 수 있도록 출발하였지만 그들에게 도움을 주는 일은 소홀히 하고 있음을 지적한 것이다. 또한 버크는 "미투 운동은 지속해서 펼쳐나가야 할 운동인데 분열을 초래하면서, 여성 세대 간 장벽과 함께 남성과 여성 간 장벽을 만들고 있다. 미투 운동은 배타적 대립을 보여서는 안 된다. 미투는 성폭력을 겪은 이들 모두를 위한 것이지 여성운동이 아니다."고 입장을 명확히 하였다.[14]

3. 우리 편 미투에는 침묵하는 한국의 미투

2018년 1월 29일 창원지검 통영지청 서지현 검사는 JTBC 뉴스룸에 출연하여, 8년 전 성추행 사건을 폭로하였다. 한국 사회 미투 운동의 시발점이 된 사건이다. 서 검사는 2010년 10월 한 장례식장에서 상사이던 당시 법무부 정책기획단장에게 허리를 감싸고 엉덩이를 쓰다듬는 등의 성추행을 당했으나 검찰의 권위적인 조직문화로 인해 이를 말하기 어려웠으며 이후 인사보복을 당했다고 주장했다.

서 검사의 폭로가 있은 후 미투 운동은 '위력에 의한 성폭력'으로 규정되었다. 위력이란 사회적·경제적 지위나 힘을 이용하여 사람을 제압함을 의미한다. 서 검사에 대한 성추행 혐의를 받던 안태근 검사장은 직권남용죄로 구속되어 1, 2심에서 징역 2년 실형을 선고 받았으나, 2020년 1월 9일 대법원은 무죄 취지 판결을 내렸다.

한국 미투 운동을 촉발시킨 서 검사는 이후 언론과 여성계의 스포트라이트를 받았고 한국의 미투 폭로는 이후 1년여 동안 지속됐다. 이 공로로 그는 5·18 민주화운동 전후로 민주주의에 기여한 들불야학의 정신을 기리는 '들불상'을 비롯해 제31회 '올해의 여성운동상' 등 다수의 상을 받으며 한국 미투 운동의 상징적인 인물이 됐다.

하지만 정작 서 검사는 지난 7월 10일 故 박원순 서울 시장이 여비서 성추행 혐의로 목숨을 끊은 사건에 대해서는 침묵했다. 서 검사는 SNS를 통해 "공황장애가 도져서....한 마디도 말하기 어렵다."는 글로 당시 심경을 전했을 뿐이다. 서 검사의 태도를 두고 선별적 정의, 선택적 미투가 아니냐는 세간의 비판적 여론이 팽배했다. 서 검사 뿐 아니라 국내 미투 운동을 이끌었던 메이저 좌파 여성단체들의 침묵과 미온적인 태도 역시 비판에서 자유롭지 못했다.

박 전 서울시장과 오랜 동지적 관계였던 민주당 여성 국회의원들은 자살하기 전 실종 당시에 이미 사태를 파악한 듯하다. 정춘숙 민주당 국회의원은 박원순 사망 한 달 후 한 언론과의 인터뷰에서 이렇게 말한다. "미투 래." 동료들 사이에 오고 간 휴대폰 문자 내용이었다 한다.[15]

그들은 평생 여성운동을 통해 피해자 편에 섰다고 자부하며 수십 년 동안 여성인권운동을 한 공적을 발판으로 의회에 진출한 민주당 소속 여성의원들이었다. 그러나 심지어는 피해자에 대한 2차 가해에 대해서도 침묵하는 행태를 보였다.

의문을 갖지 않을 수 없다. 민주당 여성 국회의원들의 여성인권운동은 선택적, 선별적 여성운동이었던가? '우리 편' 성범죄는 모르쇠인가? 여성 국회의원들은 그동안 무엇을 위한, 누구를 위한 여성운동을 해왔다는 말인가. 그토록 외쳤던 '피해자 중심주의'는 위선적이고 철저히 정치적 이익을 위한 운동이었는지 묻고 싶다.

미투 법안 도입과 성범죄법 강화

서지현 검사 미투 폭로 후 성폭력 범죄 강화 및 미투 법안이 속속 도입됐다. 재판부는 안희정 전 충남지사 성폭력 사건 판결에서 '성인지 감수성' 법리를 적용하였다. 이로서 '성인지 감수성'을 고려한 판결이 성범죄 사건의 중요한 판단 기준이 됐다. 하지만 성인지 감수성 판결은 무엇보다 개념이 명확하지 않고, 자의적이고 불분명하다는데 문제점이 있다. 감수성이란 사람이 가져야 할 마음가짐이자 태도인데 사법부가 판결에 적용한다는 것은 법의 정신과 기능에서 멀어진 결코 쓰여서는 안 되는 용어라 생각한다.

또한 2018년 5월에는 법무부와 대검찰청 '성폭력 수사 매뉴얼'을 개정하였다. 이는 성폭력 여부를 명확하게 판단할 때까지 성폭력 무고 수사를 중단한다는 것이다. '성폭력 수사 매뉴얼'은 성폭력 범죄 피해자들이 보다 안전하게 자신의 피해사실을 신고하고 가해자들에 대한 정의로운 처벌이 이루어져야 한다는 매뉴얼이다. 그러나 피해자가 남성일 경우 '성폭력 수사 매뉴얼'이 적용될지는 의문이다. 또한 대검찰청의 무고수사 중지는 암묵적으로 무죄추정의 원칙에 위배될 가능성이 크다.

의회도 적극적으로 미투 법안에 동참하였다. 2018년 12월 7일 이른바 '미투 방지법'이라 불린 '여성폭력방지기본법'이 국회를 통과했다. 이 법을 대표 발의한 사람은 민주당 정춘숙 의원이다. 그러나 이 법의 논의 과정에서 오히려 '남성 피해자 보호조항'을 삭제한 건 남성 국회의원들이었다. '여성폭력방지기본법'은 2019년 12월 25일부터 시행됐다. 페미니스트들은 이러한 입법 성과에 힘입어 이후 성범죄법의 강화를 지속적, 전방위적으로 요구했고 20대 국회에 이어 21대 국회에서 잇달아 '비동의 간음죄'가 발의되기도 했다.

좌파 진영의 뿌리 깊은 성폭력 문화와 100인위 사건

페미니스트임을 자처하는 문재인 대통령은 취임 직후부터 여성인권과 성범죄 관련 처벌을 강화하였고, 성인지 감수성 향상에 힘을 실었다. 그러나 한국 사회의 주류가 된 586세대 운동권 출신 인사들의 성 비위 사건은 연달아 발생했다. 도대체 왜 그럴까. 여기에는 좌파 진영의 뿌리 깊고 은밀한 운동권 문화의 특성에 기인한다.

시간을 20년 전인 2000년으로 돌려보자. '운동사회 성폭력 뿌리 뽑기 100인 위원회'(이하 100인 위원회)라는 단체가 있었다. 2000년 7월 ~ 2003년 10월까지 활동하였다. 여성학자, 서울여성노조, 동성애 단체, 대학가 페미니스트들 100명의 여성들이 모여 좌파 운동권, 노조 내 성폭력 사건을 폭로하기 시작하였다. 100인 위원회 설립의 목적은 '운동사회 가부장성' 타파와 오래 전부터 내부에서 일어나고 있는 뿌리 깊은 성폭력 문제를 해소하기 위해서였다.

100인 위원회가 만들어진 결정적인 사건은 1999년 12월 27일 보건의료노조 송년회 술자리에서 발생한 성폭행 사건이었다. 사건이 있었음에도 일명 조직보위 논리로 내세워 덮어버렸다. 100인 위원회는 이번에야말로 운동사회의 성폭력 문제를 만천하에 드러내기로 하였다. 2000년 12월부터 100인 위원회는 인터넷에 성폭력 혐의자 17명의 실명 등 신상을 공개 하였다. 이 명단에는 노조 간부, 대학교 총학생회장, 언론인, 소설가 등으로 사회적으로 크나큰 파문을 일으켰다. 당시 운동사회 페미니스트들이 자조적으로 하던 말이 '낮에는 동지, 밤에는 여자'라는 말이 돌 정도였다. 그만큼 좌파 운동권 내부의 성 개방 문화는 만연해 있었다는 방증이다. 운동권 특유의 집단주의 성향과 권위적인 선후배간의 위력적인 성 문화, 그리고 자유분방한 성 개방 등이 어우러진 좌파 진영의 깊고 어두운 모습이었다. 그런 내부 문화 내력이 지금까지 이어오고 있지 않은지 냉정히 돌아봐야 한다.

선별적 미투는 미투가 아니다

좌파 586세대의 화석화된 성 의식은 문제가 있다. 그렇기 때문에 위력에 의한 성범죄를 고발하는 미투는 계속될 개연성이 크다. 특히 정치권력의 정점에 위치한 민주당 운동권 정치인 586세대의 사고방식은 80년대에 머물러 있다. 진보세력이라 자부하면서도 정작 일명 꼰대의식과 마초 기질은 그대로다.

페미니즘의 사상적 세례를 받은 2030세대 여성들은 디지털 기술 혁명의 시대를 살고 있으며 지극히 이기적인 경향을 띤다. 이들의 특징은 자기과잉이라고 할 정도로 자기중심적인데다 자신에게 이익이 되는 정책에 민감하다. 586세대의 구시대적인 여성관과 2030 여성세대와는 엄청난 간극이 있다. 더구나 2030 여성들은 수 년 간 한국 사회를 뒤흔든 페미니즘의 영향으로 사고방식이 근본적으로 달라졌다. 비혼을 넘어 결혼 제도 자체를 반대하는 반혼을 당당히 부르짖는 여성들이 흔하다. 그런 문화에 발맞추지 못하는 586세대 정치인과 권력층 부류들에 의해 위력에 의한 성폭력 사건이 발생하는 것이다.

그동안 발생한 미투 운동은 대부분 각계각층의 유명 인사들이 대상이 됐다. 하지만 보이지 않는 곳, 이름 없는 사람들에게 발생하는 미투 운동은 주목 받지 못한 것이 아닌지 반성할 필요가 있다. 특히 내 편에서 발생하는 미투 사건에 대해서는 눈을 감는 행태는 지탄받아야 한다. 정치적 득실에 따라 선택적으로 이루어진다면 그것은 더 이상 미투가 아니다.

4. 성범죄는 미투가 아닌 형사법으로

국내에는 성희롱, 성추행, 성폭력 사건을 상담하는 많은 기관이 있다. 내가 조사한 바에 의하면 2020년 현재 공공기관 산하 단체, 사단법인에서 운영하는 성폭력 상담소만 해도 전국적으로 약 310개소로 추산된다. 종사하는 상담원은 약 5300여 명 이상이다.

〈한국여성의전화〉는 1983년 창립된 최초의 성폭력, 가정폭력 등에 관한 상담소로 전국 25개 지부(상담소 32개, 쉼터 10개)를 운영한다. 1990년에 개소한 〈한국성폭력상담소〉는 현재 전국 170개소에 달한다. 또 성폭력 피해자들을 위한 법률 지원 등을 하는 〈한국성폭력위기센터〉가 있다. 여성가족부 산하의 〈여성긴급전화 1366〉는 전국에 총 18개소를 운영하고 있다. 〈해바라기센터〉는 전국에 총 18개소이며 여성가족부의 운영 지원을 받는다. 여성가족부의 산하 공공기관인 〈한국여성인권진흥원〉도 디지털성범죄 피해자 지원센터를 운영 중이다. 이외에 청소년들의 성 상담과 성교육, 성폭력 예방교육을 전담하는 〈청소년성문화센터〉는 전국 58개소, 2017년 설립된 〈한국사이버성폭력센터〉가 있다.

2020년 여성가족부 전체 예산 중 성폭력 관련 사업비가 크게 증가하였다. 여성가족부는 여성폭력 전담기구 출범 99억 원 예산을 배정하였으며, 2차 피해방지교육 콘텐츠 제작에 6억 원 예산을 사용한다.

상술한대로 성폭력 상담 관련 기구와 인력, 예산은 지나칠 정도로 많다. 그럼에도 고위 공직자들의 성 비위는 계속된다. 이는 성폭력 전담기구와 예산을 늘린다고 해결되지 않음을 말해준다. 이미 법적, 제도적 장치와 그에 따른 예산 사용은 과도하다. 문제는 586세대의 퇴행적인 인식이 동시대가 요구하는 성 도덕과 성 가치관을 따라가지 못한다는 데 있다.

미투 관련 법안이 줄줄이 만들어지면서 성범죄법 강화는 최고조에 달한다. '성폭력 범죄의 처벌 등에 관한 특례법(약칭:성폭력처벌법)'은 제20대 국회에 들어 크게 강화됐다. 성폭력처벌법은 제11조부터 16조까지 개정돼 그물망처럼 촘촘히 빠져나갈 구멍이 없이 처벌 조항을 만들었다.

상황이 이렇다보니 2030 남성들은 위기를 느낀다. 소외되고 위축되는 청년들, 중세기식 공개 여론재판 횡행은 우리 사회의 어두운 그림자를 드리우고 있다. 작금의 사회 분위기는 남녀 갈등이라는 성 대결이 깊어지고 있는 현실은 성찰해야 할 문제이다. 또한 여성들이 성폭력 피해자로 위장하여 무고 사건에 대해서는 매우 관대한 실정이다.

성폭력을 엄단하는 사회 분위기는 남성에게는 무관용 시대를 만들었다. 페미니즘 전성기와 미투 운동 분위기에 편승한 여성들은 합의하에 성관계를 하고도 성폭력 피해자인 것처럼 허위 고소하는 사례 또한 급증하고 있다. 성폭력 피해자로 위장하는 무고죄는 엄벌이 필요하다. 인간 사회는 남녀 성별이 존재하는 한 성적 유혹이 없는 청정지대는 존재하지 않는다. 모든 성적 유혹이 성희롱으로 고발되거나 섹스를 법으로 규제하는 세상은 가능하지도 않다. 타라나 버크가 창설한 미투 운동 본연의 취지로 돌아가야 한다. 무엇보다 법치주의에 입각하여 법은 공정해야 한다. 누구도 법위에 군림해서는 안 된다. 법 집행이 성차별적이면 법이라는 이름의 또 다른 폭력이다.

페미니즘 프로파간다의 폐해

1. 테스토스테론 깨부수기, 해로운 남성성(toxic masculinity) 제거?

밀레니엄 세대 남자들의 현주소는 어떠한가. 현대 젊은 남자들은 상당히 유약하다. 신체적 육체적 힘을 필요로 하던 예전 시대와는 달라졌다. 남성 호르몬의 퇴화인가? 그렇게 볼 수도 있겠지만 진화하고 적응해가는 동안 남성성은 눈에 띄게 약화된 건 일리가 있다. 게다가 사사건건 성대결로 몰아가며 대립을 일삼고 증오를 키우는 페미니즘이 득세하는 시대를 만났다. 페미니즘은 남자다움을 포기할 것을 요구한다.

최근 페미니스트들 사이에 인기 있는 사조는 남성성은 유해하고 해롭다는, 즉 남성성은 폭력적이며 성차별적이기 때문에 '해로운 남성(toxic masculinity)'이라 규정한다. 나는 최근 미국 대학에 유학 중이라는 여자 대학생으로부터 메일을 받았다. 내가 페미니즘에 비판적이라는 사실을 잘 알고 있다며, 자신의 의견을 전해왔다. 현재 메인스트림 페미니즘 경향은 해로운 남성성을 어젠다로 삼고 있으며 이는 제4물결(wave)이라 주장했다. 페미니스트들이 주력해 온 성중립적인 사회(Gender-Neutral Society) 경향도 유해한 남성성 제거 방식과 일치한다.

페미니스트들은 현대 남녀의 문제를 남성들 전체에 죄를 씌우는 쪽이다. 미국의 사회심리학자 로이 F. 바우마이스터가 쓴 『소모되는 남자』에서 저자는 사회시스템 속의 문화가 어떻게 남성을 사회에서 가장 소모적인 존재로 쓰고 버리는지에 대해 분석한다. 페미니스트들은 늘 여성들은 억압을 받아왔다고 주장한다. 하지만 남성의 여성 억압은 상당부분 과장됐다는 것이다. 현대 페미니즘이 지배하는 사회는 남성을 노골적으로 악랄하게, 그렇지 않으면 모자라거나, 우스꽝스럽게 만든다고 말한다. 페미니스트들은 '여성혐오'가 만연한 사회라지만, 오히려 '남성혐오'가 만연한 사회라는 것이다. 또한 여성학 수업은 젊은 페미니스트를 양성하여 '불만 수집가'가 되는 법을 배운다. 즉 끊임없이 남성에게 분노할 거리를 찾아다니는 사람이 되는 것이다.[16]

이럴진대 남자들은 덤불 속에 갇혀 길을 잃은 듯하다. 반면 페미니스트 편을 거드는 한국 사회의 주류인 586세대 남자들은 밀레니엄 세대 남자들에 비하면 소위 할 짓 못할 짓 다 해본 셈이다. 586세대 남자들은 오늘날 페미니스트들이 "우리는 착취와 억압을 당했다."고 주장하자 화들짝 놀라며 자신들의 과거를 반추한다. 그리고 일종의 자아비판과 함께 도리어 젊은 남자들을 나무라는 이중 잣대를 들이댄다.

586세대와 2030세대 사이에는 장벽이 있다. 세대 간의 장벽과 남녀 단절은 그 어떤 시기보다 심각하다. 지성조차 메말라 얄팍한 지식인이 범람하고 가치관과 세계관의 혼란 상태다. 구루라 부를 인물조차 찾을 수 없는 시대와 철학의 부재다. 2030세대는 마치 망망대해 조각배에 몸을 싣고 나침반을 잃은 채 이리저리 바람과 파도에 휩쓸리는 꼴이다. 2030세대의 뒤를 잇는 10대 청소년들까지 굴레에 매여 있다. 단군 이래 부모보다 가난한 첫 세대인 2030세대 남자들, 10대 남자 청소년들은 페미니즘 이데올로기와도 싸워야 한다.

초식남과 육식녀

여자들은 점점 더 강해지고 전통 남자들의 영역을 잠식한다. 남자들의 삶의 방식에도 변화가 크게 일어나고 있다. 남자들은 항변한다. "우리는 선택권이 없다." "태어나보니 남자였다. 남자라는 이유로 죄인이 되어야 해?"

반면에 부드럽고 자상하고 배려 잘하는 남자들이 인기를 누린다. 유순하고 착한 남자, 말 잘 듣는 남자가 되어야 한다. 남자다움의 과시로 호의적인 반응을 이끌어내기는 어렵다. 마초 스타일은 가부장적이라는 말을 듣기 십상이므로 버려야 한다.

그러다보니 남자는 초식남, 여자는 육식녀 성향을 띈다. 초식남은 초식 동물처럼 성격이 온순하고 연애나 외부 활동에 소극적인 남자를 가리킨다. 반면에 육식녀는 연애에 적극적이고 고백받기보다 먼저 고백하는 것을 선호하는 성향이 강한 여자다. 이 용어는 일본의 칼럼니스트 후카자와 마키리가 『남성도감』에서 처음 사용했다.

육식남보다 초식남으로 진화하는 남자들, 초식녀에서 육식녀로 변화하는 여자들 중 유리한 쪽은 육식녀 여자들이다. 또 페미니즘 영향과 무관하게 '알파걸'의 약진은 눈에 띄게 두드러진다. 이런 마당에 초식남들에게 성적 욕망은 죄다.

페미니스트들은 남성 성본능을 규제하기 위해 금지 리스트를 계속 만들어나간다. 이것도 안 돼, 저 것도 안 돼! 자칫 운신 잘못했다간 성희롱, 성추행 등 성폭력범이라는 평생 오명을 쓸 수 있는 세상이다. 할리우드 발 미투 운동의 원인 제공자 하비 와인스타인의 성범죄 사건은 남자들을 전부 하비 와인스타인으로 만든다. 서울 강남구에 위치한 버닝썬 클럽 폭행 사건은 한국 남자들 전체로 향한다. 과도한 보편화 현상은 계속된다.

성범죄자는 두말 할 필요 없이 형사처벌을 받아야 한다. 그렇지만 유사한 성범죄 사건이 불거질 때마다 한국 남자들을 일반화 하는 것 자체가 성차별이다. 여성이 남성에게 가하는 폭력, 성폭력, 데이트폭력은 하찮은 일로 간주한다. 여성단체들과 여성 국회의원들은 법 제정에 협력한다. 얼마 전 까지만 해도 들어보지 못한 생소한 용어가 남성들을 휘감는다. '예스 민스 예스(Yes Means Yes)' '노 민스 노(No Means No)'이라는 룰이 생겨났다.

'노 민스 노'룰은 상대방이 동의하지 않은 성관계는 강간으로 간주하고 처벌하는 형법의 새 버전이다. '예스 민스 예스'룰은 '노 민스 노'룰보다 한 발 더 나간 버전이다. '예스 민스 예스'룰은 상대방이 적극적으로 동의하지 않은 성관계는 강간으로 처벌하자는 취지다. 그러니까 묵시적 동의가 아닌 명시적 동의가 명확해야 한다. 최영애 국가인권위원장은 취임 전에 '예스 민스 예스 룰' 도입을 주장한 바 있다. 이렇게 되자 여성 국회의원들은 앞 다투어 '노 민스 노 룰', 즉 '비동의 간음죄' 도입을 발의하였던 것이다.

문제는 남녀 간의 성행위에 대한 동의의 뜻을 어떻게 확인해야 할까. 또 얼마 만에 확인하고 몇 번 확인해야 하며 확인하는 방법은 무엇인가. 처음에는 동의했지만 나중에 번복하면 어떻게 될까. 그러니 남자들 사이에 국가에서 공인 성관계 증서를 만들어달라는 웃지 못할 말이 오간다. 게다가 대검찰청 무고수사 중단 매뉴얼을 개정하여 배포하였다. 이는 성범죄 피해자가 가해자로부터 무고 혐의로 고소되는 경우 성폭력 사건의 수사가 종료될 때까지 무고 사건을 조사·심리·재판 할 수 없다. 페미니스트들은 차라리 성관계 금지법을 만드는 게 성범죄가 완전히 사라지는 방법이 아닐까?

비혼이 아니라 4B 선언이라고!

이러한 사회분위기는 '노 섹스' 경향에 일조한다. 가뜩이나 비혼이 늘어가는 추세에 남녀는 점점 멀어진다. 비혼 현상은 남녀 불문하고 하나의 트렌드가 되었다. 연애에서 혼인으로 이어지는 과정이 너무나 험난하다. 개인적이고 이기적인 성향의 밀레니엄 세대의 특징은

비혼 현상이다.

결혼하지 않는 시대다. '비혼 선언'을 하는 남녀도 증가하고 있다. 결혼할 의사가 없다는 점을 분명히 하는 뜻으로 '비혼'이 쓰이는데, 최근 일반적으로 입에 많이 오르는 신조어다. 자세히 들여다보면 적극적인 비혼파는 남자들이 더 많음을 알 수 있다. 남자들이 더 혼인을 꺼려함은 주변에서 쉽게 찾아 볼 수 있다.

페미니즘 열풍으로 젊은 여성들에게는 비혼이 하나의 유행처럼 되었다. 중·고교 시절 페미니즘을 접했던 여성들이 20대가 되자 비혼 선언에 적극적이다. 최근에는 비혼에서 더 진전된 4B, 혹은 4N 선언을 하는 여성들이다. 4B는 비혼, 비섹스, 비연애, 비자녀를 뜻한다. 4N은 4B의 영어식 풀이로 No sex, No babies, No marriage, No dating이다. 영페미니스트들은 비혼 운동의 명분이 '가부장제 숨통 끊기'라 주장한다. 내가 늘 우려하였던 남녀분리주의 현상이다. 그러나 인간사는 절대로 단정적으로 말할 수 없다. 제아무리 오늘날 비혼을 외쳐도 내일 사랑이 찾아올 수 있는 것이 삶의 신비다.

남자의 자살률, 여자보다 3배 높다

우리 사회에서 외면한 사실 한 가지는 남자들의 자살률이다. 10~30대의 사망원인 1위가 자살이다. 10~30대 남자의 자살률은 여자보다 2.5배 높다. 40대부터 남자 자살률은 여자에 비해 약 3배 차이로 높은 현실이다. 사망률 성비(남자 사망률/여자 사망률)는 전 연령층에서 남자가 높다.

도대체 남자들의 자살률은 왜 이렇게 높은가? 우리나라는 경제협력개발기구(OECD) 가입 회원국 중 자살률은 부동의 1위를 기록하고 있다. 그렇다면 전 연령층에서 남자들의 자살률이 높다는 사실은 한국 사회가 그만큼 남자들이 살기에 힘들다는 방증이 아닌가. 남성의 경력단절, 가난한 남성 문제, 남성 자살률 증가에 대해 관심도는 지극히 낮다. 페미니즘운동이 가뜩이나 남자 자살률이 높은 우리 사회에서 더욱 악영향을 미치지 않을까 우려하지 않을 수 없다. 페미니스트들의 주장대로 우리 사회가 남성우월주의, 남성중심 사회가 극심한데도 왜 남자들의 자살률은 이렇게 높은지 생각해 보았을까? 산재 사망자수 1년에 약 2,000명 중 98%가 남성임에도 사회적인 관심도는 낮다.

서구 페미니즘은 남성운동도 함께 일으켰다. 미국은 오래 전부터 남성학 연구가 이루어지고 있었다. 페미니즘이 발달한 미국은 남성학 역시 1970년 전후에 일어난 급진적 페미니즘운동이 남성문제에 눈을 돌리는 계기가 되었다. 미국은 남성학, 남성운동이 보수, 진보 막론하고 등장하였다. 페미니즘이 중요하면 그 반대인 남성학도 필요하다. 지구가 멸망하지 않는 한 여성의 문제와 남성의 문제는 서로 얽혀있다.

여성의 문제를 다룬 여성학이 있으면, 남성학도 당연히 필요하다. 남성학(men's studies)은 여성학(women's studies)에 대응하여 생겨났다. 여성학은 여성들이 만들어낸 학문이며, 남성학은 현대사회를 고민하는 남성들이 남성의 생활방식을 탐색하기 위한 연구이다. 남성학이 가장 발달한 미국은 1970년대부터 남성운동이 등장하여 남성학 연구가 활발히 이루어졌다. 남성사회를 남성의 눈으로 바로 보기 위한 학문이 남성학이다.

일본의 남성운동 역시 오래 전 시작되었다. 1991년 일본 최초로 남성운동 그룹이 생겼다. 이걸 주도한 사람은 『남성학 입문』의 저자 이토 키미오 교수다. 1995년 오사카시립부인회관에서 '남성학 초대'라는 주제로 강좌가 개설되자 남성들의 열성적인 참여로 자리를 꽉 채웠다고 한다. 이후 남성운동 조직이 구성되어 일본 각 대학, 시민강좌에서 〈남성학, 남성론〉이 확대되고 있다.

우리 사회도 현대 남성, 차세대 남성들을 위해서, 남성문제에 대한 연구와 담론 형성이 필요하다. 남녀가 공존하며 상호 협력하는 사회에서 남성문제, 여성문제 해결을 위해 함께 연구해야 한다.

2. 여성은 사회적 약자, 여성을 섬겨라?

　페미니즘 이데올로기 확산 6년차, 우리 사회에 남긴 상흔이 너무나 크다. 남녀가 긍정적인 면이 아닌 부정적인 면만 부각시키기 바쁘다. 남녀가 이토록 서로 불신하는 시대는 일찍이 없었다. 페미니즘 전쟁에서 사실상 남성들은 패배했다. 극소수의 젊은 남성들이 페미니즘에 대항하는 동안, 기성세대 남성들은 지레 항복하며 젊은 남성들을 억압하는데 합세했다. 기성세대 남성들의 이런 사고방식의 근저에는 자신들의 가부장적 기득권과 우월함을 유지하기 위함이 자리 잡고 있다. 페미니스트들은 정치적 이익을 얻기 위하여 기성세대 남성권력을 활용하였고 때로는 기묘한 동거도 하였다.

　페미니즘 광풍으로 인해 대한민국은 덤불 속에서 길을 잃었다. 지금부터 올바른 길을 찾아서 나아가야 한다. 페미니즘이 우리 사회에 무엇을 남겼나를 냉정히 성찰해야 한다. 우려했던 대로 페미니즘의 극단적인 조류는 남녀분리주의를 낳았다. 다시 말해서 남녀가 극심한 성별 갈등으로 서로 등 돌리는 사회가 되었다. 언론은 남녀갈등을 스포츠 중계하듯이 갈등을 조장한 책임에서 자유롭지 못하다. 페미니즘은 남성의 성을 고발하고 더 벌주는 시대를 만들었다. 어이없이 내몰리는 젊은 남성들의 소외감과 박탈감으로 피폐해졌다.

현대 페미니즘 발상지 미국보다 태평양을 건너온 한국 페미니즘이
더 독한 사상으로 변모했다. 왜 그럴까. 여기에는 남녀 가리지 않고
한국인들에게는 불신풍조와 피해자 의식이 깊이 뿌리내리고 있다.
늘 '자신이 피해자'라고 여긴다. 이것이 페미니즘의 핵심인 '여성은
피해자'라는 구도와 맞아떨어졌다. 이웃나라 일본의 페미니즘운동은
어땠을까. 국내 페미니즘운동이 활화산처럼 일어나던 2016년 네이
버 도전만화 코너에 웹툰을 연재하며 화제를 모았던 〈스시녀와 김치
남〉의 작가 고마츠 사야카의 일이다. 사야카의 웹툰은 페미니스트 진
영으로부터 엄청난 공격과 악성 댓글을 받았다. 이후 사야카는 『악플
후기』라는 한국의 페미니즘을 비판하는 한정판 책을 출판하였다.

사야카는 일본과 한국의 페미니즘을 비교하며 이렇게 썼다. "일본에
도 페미니즘이 있지만 대중적인 지지를 받지 못한 이유에 대해 한국 페
미니스트들은 일본여성들이 우매하고 남성에게 너무 길들여졌기 때문
이라고 주장하지만 절대 그런 이유가 아니다. 일본에서는 이데올로기
가 아닌 주로 학문으로써 남성학과 여성학이 연구되고 있고 옹호와 비
판이 비교적 균형을 이루고 있기 때문이다. 이에 페미니즘이 자신의 행
복과 관계없다고 알아챈 대다수의 일본여성들은 동조하지 않고 있는
것이다. 한국에서는 여성이 페미니즘을 비판하는 것이 매우 드물지만
일본에서는 그런 일이 자주 있다. 오히려 한국에서는 이익집단인 수많

은 여성단체가 버티고 있어 여성들의 올바른 사고를 방해하고 있다고 할 수 있다."[17]는 일본여성 사야카의 시각은 정확하다.

역차별 논란 여성전용시설 어디까지 확대할 것인가

공공영역에서 여성전용 서비스는 날로 확대되고 있다. 여성전용시설 확산에는 여성가족부(이하 여가부)의 '여성친화도시조성사업평가'가 중요한 역할을 한다. 여가부는 전국 87개 여성친화도시를 선정해 평가하고 있다. 지난해 여가부 주관 '여성친화도시조성사업평가'에서 대통령상을 수상한 자치구는 대구 수성구다.

여가부의 여성친화도시 사업은 각 지자체가 여성의 경제적·사회적 참여와 안전, 돌봄, 친환경적인 도시정책 등을 세우고 수행하는지에 대해 가산점을 부여한다. 이른바 '성인지 감수성'이 충만한 도시가 여성친화도시를 잘 수행한다는 논리다. 이를 뒷받침하듯 2020년도 여가부 예산 및 기금 운용계획을 보면 '여성친화도시 정책형성교육'이란 명목으로 3100만 원, '여성친화도시 조성사업'이란 이름으로 1억 원이 책정돼 있다.

문재인 정부 들어 여가부의 위상은 크게 높아졌다. 올해 여가부 예산은 약 1조2000억 원 대이다. 2017년 여가부 예산이 7122억 원이었던 것에 비하면 약 40%나 증가한 셈이다. 이에 발맞춰 지자체는 여성친화도시를 목표로 내세우고 여성전용시설을 대폭 늘려 나가고 있다.

그러다보니 남성 역차별 논란이 자주 일어난다. 대표적인 여성전용시설을 꼽아보자. 대학가의 오래된 역차별 논란을 일으키곤 하는 '여학생 전용 휴게실'이 있다. 여성전용주차장, 여성안심택배, 여성전용택시, 여성안심보안관, 여성안심귀가스카우트, 근로여성전용임대아파트, 지하철 여성전용칸(부산지하철 1호선), 여성전용흡연구역(고속도로 휴게소 대부분), 여성전용암병원, 여성전용자전거주차장, 제천 여성전용도서관(충북 제천시), 여성기업전용공단(인천 남동공단 내), 여성전용여행 '스마트앱' 보급 등이 있다. 또 지자체에 따라 특정 구역에는 여성전용엘리베이터, 여성전용계단, 여성전용피트니스센터 등 여성전용이 붙은 서비스는 증가하는 실정이다.

여성전용정책을 가장 선도적으로 시행하는 광역자치단체는 서울시다. 남성 역차별 논란의 대표 격인 여성전용주차장은 2009년 오세훈 전 서울시장이 '여성이 행복한 도시 프로젝트'의 일환으로 도입

됐다. 30면 이상인 주차장에 여성전용 공간을 10%이상 설치하는 것을 의무화한 것이다.

2011년 당선된 故 박원순 전 서울시장은 취임 직후 서울시 여성시민 안전망 정책을 적극적으로 실시했다. 2011년 8월 시작한 '여성안심택시'를 시작으로 대표적인 정책으로 꼽히는 '여성안심귀가 스카우트' 서비스가 있다. 여성의 집 앞까지 안전한 귀가를 돕는다는 서비스로 지역 주민이 밤 10시부터 새벽 1시까지 이용한다. 25개 전 자치구에서 시행 중이며 2017년 기준 50억 원이 예산으로 쓰이고 있다. 안심귀가스카우트는 여성안전정책인 동시에 여성일자리정책이기도 하다.

박원순표 여성정책으로 자리매김한 서비스는 '여성안심택배'다. 서울시는 택배를 가장한 여성 범죄 예방과 편리한 택배 생활지원을 위해 무인택배보관함을 설치했다. 주민센터, 구청, 도서관, 평생학습센터 등에 설치돼 있다. 지난해 9월 기준 서울에 232개소 규모다. '여성안심택배' 서비스는 2017년 기준 예산 6억 5800만 원이다. 이 서비스는 전국 지자체로 확대 운영 중이다.

박 전 시장의 또 다른 여성정책에는 '여성안심보안관'이 있다. 몰래 카메라 범죄를 예방하기 위해 여성화장실을 점검한다는 여성안심보안관사업은 2016년부터 시행해 현재까지 사업이 지속 중이나 적발 실적은 0건, 단 한 건의 기기도 찾아내지 못했다. 연간 약 10억 원의 예산이 쓰이고 있으며, 서울형 여성 뉴딜일자리 정책이기도 하다. 서울시는 올해 말까지만 여성안심보안관 사업을 진행한다고 밝혔다.

정책시행자들은 '여성은 사회적 약자'라는 명제를 근거로 막대한 예산을 여성전용시설 운영 등에 사용하고 있다. 이것이 여성의 권리를 보호하고 존중한다는 취지다. 또 여성전용시설에 따른 여성 일자리 창출 효과도 동시에 얻는다는 계산이다. 그렇다면 정말 여성은 사회적 약자이며 배려 받아야 하는 존재인가? 2015년 하순 무렵 국내를 휩쓴 페미니즘 사조는 지자체별 여성정책에 더욱 힘을 실었다. 서울시를 비롯한 각 지자체의 여성 관련 예산은 크게 증가했다.

나는 여성은 '사회적 약자'라는 규정에 동의하지 않는다. '여성의 사회적 지위가 낮기 때문에 보호받아야 한다'는 논리에도 더욱 동의하지 않는다. 2018년 통계청 자료 '통계로 보는 여성의 삶'을 몇 가지만 참고해도 이해할 수 있다. 여학생의 대학진학률은 이미 오래 전에 남학생을 추월한지 오래다. 2017년 기준 여학생 대학진학률은 72.7%로 남학생 65.3%보다 7.4% 더 높다.

행정부 국가직 공무원 중 여성 비율도 2017년 처음으로 50%를 넘었다. 경제활동에서도 여성 취업률이 남성보다 높다. 2017년 여성 취업자 중 임금근로자 비중은 77.2%로 남성 72.7%보다 4.5% 포인트 높다. 다만 임금근로자 중 1년 이상 계약직군에 속하는 상용근로자 비중은 여성이 45.7%, 남성 53.6%보다 7.9% 낮다.

한국의 페미니스트들은 가부장제와 투쟁해왔다고 자처한다. 반면 여성을 사회적 약자라 규정하는 것 자체가 여성은 수동적인 존재이며, 남성의 이른바 가부장적 제도나 관습에서 진전하지 못하고 있음을 인정하는 것과 다름없다. 그리고 여성전용시설 확대는 남성 입장에서는 역차별 나아가 성 차별로 느끼게 하는 것이다. 여성만을 위한 전용시설, 여성만을 이롭게 하는 정책을 만드는데 주력하는 것이 최선은 아니다.

인류는 남성과 여성이 서로 상호작용을 하며 공존해 왔다. 하지만 정책은 남성과 여성 모두에게 이로운 방향으로 추진돼야한다. 여성전용시설을 확대하는 것만이 능사가 아니다. 남성과 여성 사이에 장벽을 세우고 분리하는 것이 아니라면 여성전용시설은 바람직하지 않다.

페미니즘 가면을 벗어라, 유용한 바보들이 아니다

페미니즘은 성을 억압하고 통제한다. 페미니즘이 낳은 피로감과 부작용은 극심해 남녀는 점점 멀어져 간다. 이제는 뜨거운 사랑에 빠지는 것도 위험을 감수해야 한다. 자연스럽고 건강해야 할 남녀의 만남은 갖가지 제약으로 부자연스러운 모습이다. 이것이 페미니스트들이 원하는 관계요, 바라는 사회인가. 남성이든 여성이든 각자의 개성과 정체성, 욕망, 성적 매력, 추구하는 고유의 가치를 가지고 살아간다. 페미니즘 이데올로기를 교리로 삼아 모두가 따라야 한다는 것은 있을 수 없다.

대부분의 여학생과 젊은 여성들은 상층부 페미니스트들의 선전선동에 휩쓸렸다. 페미니즘 사상의 본질이 무엇인지, 남녀를 어떻게 적대관계로 만드는지 모른 채 이끌렸다. 대다수의 여성들은 '유용한 바보들'이 아니다.

정부여당의 친페미니즘 정책을 바꾸기는 어렵다. 또한 페미니즘이 인기를 얻어 유행 사상이 된 현실에서 이제와 페미니즘에 비판적인 의견을 드러내긴 어렵다. 여성계의 권력이 그 어느 시기보다 막강해져 언론과 식자층의 눈치 보기, 소심증도 문제다. 지난 수년 간 벌어진 페미니즘 사상 투쟁은 다음세대를 짊어지고 나갈 1020대 남성들에게 큰 영향을 미쳤다.

이런 현실을 자각한 젊은 남성들은 남성들에게만 주어진 고정된 역할에 눈을 돌렸다. 국가정책의 다수가 남성들을 옥죄이는 가운데 20대 남성 약 72%는 남성 징병제가 차별이라 생각한다. 왜 남성만 보상 없는 의무와 책임을 다해야 하느냐는 것이다. 연인과의 데이트 비용 부담도 대부분 남성에게 지워지는 것에 대해 다시 생각해본다. 전통적 성별 역할에 대해 사소한 일까지 재정립하게 되었다. 공정함에 대해 민감하게 느낀다.

법적, 사회적으로 가부장제는 이미 끝난 시대다. 남성의 권력은 곳곳에서 허물어지고 있다. 가부장제 끝자락을 붙들고 있는 부류가 있다면 그건 바로 586세대일 것이다. 그런 가부장제와 무관한 세대를 페미니스트들은 남성을 적이요 악당으로 구도를 만들었다. 급진 페미니스트가 주도하는 한국 사회는 남성은 물론 여성까지 부정적인 영향을 미치고 있다. 여성 모두가 페미니스트가 되어야한다고 압박한다. 페미니즘에 대해 비판적인 의견을 표명하는 여성들을 향해서 자신들이 정한 규칙을 따르지 않는다고 남성들을 향해 그토록 비난해왔던 가부장적인 태도로 압박하는 모순을 보인다.

결국에는 약자를 자처하는 페미니즘의 이기적인 세계관은 대다수의 여성들 그중에서도 젊은 여성들에게 더 큰 해악을 남기게 됨을 알아야 한다. 세계는 남성 중심이며 남성 우월주의이니 그 힘에 대항하기 위해 페미니즘을 옹호해 달라는 케케묵은 주장은 차원이 다른 생활방식으로 향하는 21세기와 거리가 멀어도 한참 멀다.

급진 페미니스트들의 권력을 위해 여성을 또 남성을 제물로 삼고 있는 것은 아닌지 성찰해야 한다. 여성의 피해자화, 희생자화를 바탕으로 여성은 억압받고 있는 존재라는 반세기 전 담론을 가져와 거짓 선동과 책략을 일삼는 행위가 차원이 다른 기술혁명의 시대에 살아가는 이 시대에 맞단 말인가.

강조하건대 페미니즘운동은 구시대 사회운동이다. 물론 1970년대 초 급진 페미니즘 등장은 사회적으로 불가피한 상황이 분명 존재했다. 하지만 사회운동도 진화해야 한다. 21세기 기술혁명의 시대는 우리의 삶을, 이데올로기를, 사회정책을 바꾸어 놓을 것이다. 퇴행적이고 퇴보적인 페미니즘운동에서 여성들부터 해방되어야 한다.

초·중등 교육기관의 성교육 내용도 구시대적 고정관념이 담겨있다. 태어날 때부터 디지털 신기술을 접하면서 성장한 세대와는 맞지 않는 교육이다. 현재의 방식은 학생에게 도움이 되는 실효성 있는 성교육에는 한참 미흡하다. 학생들은 공통적으로 성교육 수업에 집중하지 않는다. 대부분 졸거나 귀담아 듣지 않으며 지루한 시간이라고 입을 모은다. 성교육 수업이 몇 십 년 전 시대 상황을 현실에 무리하게 적용하는 내용은 시대착오적이다. 성교육을 의무적인 시간을 채우는 것으로 끝난다면 학생도 강사도 좋지 않다. 교육부와 교육청에서 성교육 수업 내용을 일대 점검할 필요가 있다. 강사 또한 한쪽 성별에 치우치지 않고 양성평등에 대한 균형 잡힌 인식을 가진 사람이어야 한다. 남성과 여성이 동등하고 공평한 참여를 지향하고 노력하는 것이어야 한다.

현대 페미니즘은 68혁명 청년운동으로 시작하여 기성 체제의 억압과 권위에 저항하며 '금지를 금지하라'는 테제로 점화되었다. 성적 해방, 낙태 합법화, 동성애 등 여성을 억누르는 모든 금지된 권력에서 자유로움을 외쳤다. 68혁명에서 살아남은 페미니즘은 이데올로기화 되어 도그마가 되었다.

그리하여 금지를 금지하라고 저항했던 페미니스트들은 오늘날에 와서는 모든 것에 금지 리스트를 만들어 내고 있다. 페미니스트들의 검열과 금지 목록은 계속해서 늘어난다. 페미니즘에 대한 비판의 자유도 마찬가지다. 지난 몇 해 동안 페미니즘 비판은 자유롭지 못했다. 이는 자유 언론의 가치가 침해당했음을 의미한다. 사상과 지적 자유를 억압하는 것은 민주주의의 적이다.

페미니즘이여 가면을 벗어라!

2부

페미니즘, 권력이 되다

족벌화된 시민단체의 수익사업으로 전락한 K-페미니즘의 실태

김 소 연

페미 카르텔의 추악한 민낯
페미가 만든 이상한 나라
여성은 영원한 약자인가?

페미 카르텔의 추악한 민낯

1. '피해자' 여부, 여성단체가 판단한다

　여성단체라 하면 흔히 성폭력 등의 피해자를 지원하고 연대하는 단체로 생각하는 것이 상식일 것이다. 하지만 실상을 들여다보면 꼭 그렇지만은 않다. 내가 만난 제보자들 중에는 되레 여성단체로부터 2차 가해 같은 또 다른 피해를 입었다고 호소하는 여성들이 많았다.

　피해자들이 여성단체로부터 도움이 아니라 오히려 피해를 받았다고 생각하는 경우, 그 시작은 피해자들이 법과 제도의 보호를 받기 전에 일단 여성단체를 먼저 접촉하게 되는 구조적인 이유에서 출발한다.

　나에게 여성단체의 문제점을 호소해온 여러 제보자들이 공통적으로 지적하는 사항은 '피해자' 여부를 성폭력 상담소 같은 여성단체에서 사실상 결정한다는 것이다. 여성단체는 일단 '피해자 보호'라는 명분하에 피해자를 독점한 다음, 대외적으로는 피해자를 의심하는 모든 행위를 〈2차 가해〉라는 이름으로 전면 봉쇄해 놓고 사건을 시작한다. 그런데 이 과정에서 내부적으로 여성단체가 피해자들에게 수치심을 강요하고 스스로 피해자성을 입증하도록 하게 만드는 경우가 다반사다. 여성단체는 상담을 받기 위해 찾아온 피해자에게 이렇게 말한다.

"일단 나부터 설득해야 내가 지원절차를 도와줄 수 있어요."

심신이 이미 지쳐 있는 성폭력 피해자들은 이 말을 믿고 따를 수밖에 없다. 여성단체라는 1차 거름망을 통과해야만 '피해자'로 인정을 받고 지원을 받을 수 있는 것이다.

보통 페미니스트들은 성폭력 상황을 묘사하면서 '그루밍(grooming)'이란 용어를 쓴다. 권력관계를 이용해서 길들인다는 의미인데, 상황 초기 국면에서 여성단체와 피해자 사이에 바로 이런 '그루밍(grooming)' 관계가 형성된다.

피해여성은 자신의 문제를 해결하기 위해 찾아간 여성단체 활동가에게 심리적으로 의존하게 되고 그들의 권력이 크다고 판단한다. 이 때문에 나중에 알게 되는 상담소 내부의 여러 문제들에 대해서도 피해여성은 문제를 제기하기 힘들고, 여성단체 측이 뭔가 부탁을 해왔을 때도 이를 거부하기 힘들다. 예를 들면 상담소장이 자리를 비우고 외부에 강의를 나가면 업무공백이 생기는데 그 빈자리를 피해여성이 와서 대신 지키는 식이다. (내가 접한 사례 중에는 피해자가 여성단체 측의 여러 요구를 무시하고 문제를 제기하자 여성단체가 피해자와의 상담 과정에서 얻게 된 정보를 외부에 폭로한 경우까지 있었다.)

대부분의 성폭력 상담소는 어떤 형태로든 피해자를 길들인다고 할 수 있다. 피해자들은 최초 단계에서 여성단체를 통한 사실상의 피해자 인증 과정을 거치기 때문에, 상담소장을 비롯한 활동가와 상담 받은 피해자 사이에는 상담 시점을 기준으로 사실상 또 다른 형태의 갑을관계가 형성된다.

성폭력 사건을 나눠주는 분배 권력

성폭력과 가정폭력 피해자는 무료법률지원 제도에 따라 무상으로 변호사의 도움을 받을 수 있다. 문제는 앞서 말했듯이 이 과정 즉 변호사의 사건 수임과정 전 단계부터 여성단체가 개입한다는 점이다. 피해자들은 성폭력, 가정폭력 관련 무료법률지원 제도가 있다는 사실조차 모르는 경우가 대부분이고, 막상 제도적 지원을 신청하려해도 까다로운 요건을 맞춰줘야 되기 때문에 아무래도 모든 게 낯설고 번거로울 수밖에 없다.

이때 필연적으로 찾게 되는 곳이 여성단체다. 여성단체를 거쳐서 법률과 제도의 혜택을 받기 위한 신청서를 작성하고 변호사의 지원을 받으며 피해자들은 페미들의 눈치를 어느 정도 보지 않을 수 없게 된다. 사건을 수임하는 변호사들 또한 여성단체 쪽과 돈독한 관계를 맺으려 노력하지 않을 수 없다. 여성단체가 자연스럽게 사건의 배당을 사실상 좌우하기 때문이다.

문제는 이렇게 해서 무료법률지원을 신청하게 될 경우, 고소장 작성이나 고소인 진술 입회 등 변호사가 해야 할 일들을 권한도 없고 비법률가인 페미니스트들이 대신 처리 하는 경우가 많다는 점이다. 피해자와의 소통을 여성단체가 독점하다보니 변호사가 아니라 성폭력 상담소장이 피해자의 진술서 및 고소장을 작성하는 일이 다반사이고, 심지어는 피해자가 사건 진행 중에 담당 변호사 얼굴 한번 보지 못하는 경우도 있다. 변호사는 선임서만 제출한 뒤 여성가족부에서 지원하는 비용만 받아 챙기고, 실제 법률지원 업무는 성폭력 상담소가 전담하는 일종의 원-윈 관계가 형성되는 것이다.

이것은 큰 문제가 아닐 수 없다. 고소 대리 사건의 경우 고소장 작성과 첫 진술이 가장 중요하다. 그 과정에서 허위나 과장, 왜곡이 개입될 경우 사건 전체를 망칠 수도 있기 때문이다. 그런데 이 중요한 과정을 자격 없는 페미니스트들이 수행하는 경우가 만연되어 있는 것이다. 이렇게 여성단체가 스스로 부여한 보이지 않는 권력과 재량권을 이용해서 사건을 이상한 방향으로 끌고 가는 경우가 많다.

나는 대전시의원 시절, 대전의 가장 오래된 성폭력 상담소 중 한 곳을 감사하다가 여러 가지 당황스런 사실과 직면한 바 있다. 이 때 보조금 부정사용이나 비리 의혹보다 내게 더 큰 충격으로 다가왔던 것은 바로 상담소장이 형사사건의 '합의' 과정에 직접 개입하여 '아름다운 마무리'라며 기부금을 요구했던 일이었다.

'형사 합의'는 피해의 회복과 가해자의 반성, 그리고 피해자의 가해자에 대한 용서라는 점에서 매우 중요하다. 회복적 사법의 순기능을 본다면 가해자가 피해자에게 사과를 하고 용서 받을 기회를 갖는 것은 가해자를 위해서도 피해자를 위해서도 필요하다. 따라서 형사 합의는 특별한 사정이 없는 한, 제3자의 의사에 기한 강요나 종용이 개입되어서는 안 된다. 이를 잘 알고 있는 법조인이 합의 절차에서 당사자의 의사를 가장 존중해야 하는 것은 당연하다.

그런데, 해당 여성단체는 피해자 측 의사를 확인하지 않고 가해자에게 직접 합의금의 액수를 정해서 제시함으로써 피해자의 진정한 의사를 왜곡하고 가해자에게 1,500만 원의 기부금을 추가로 요구하여 합의를 방해한 정황이 있었다. 뿐만 아니라, 피해자의 피해사실 진술을 과장하도록 종용하거나, 가해자에 대해 처벌의사가 없는 피해자가 개별적으로 가해자와 합의하지 못하게 압박하기도 했다.

피해자를 '발굴'하는 여성단체

오늘의 여성운동은 세심한 피해자 보호 보다는 사회적인 이슈파이팅에 더 유혹을 느끼는 것 같다. 여러 가지 성관련 사건을 다뤄 본 능숙한 페미들은 평범한 성인 남녀 사이의 성폭력 사건은 그리 선호하지 않는다. 이 경우는 대부분 양측 진술의 시시비비를 가려야 하는 복잡한 과정을 거치기 때문에 이슈파이팅이 어렵다. 반면 아동 성폭력, 스쿨 미투, 업무상 위력 등의 사건들은 단지 언론에 알려지기만 해도 사람들의 분노를 촉발하기 쉽고, 뜨거운 전국 이슈로 만들기에 유리하다.

문제는 이런 사정 때문에 피해자들은 종종 원하지 않는 사건 이슈파이팅에 동원된다는 점이다. 스토리가 괜찮다 싶으면 페미들은 일단 어떻게 언론에 퍼포먼스를 선보일 것인지 고민한다. 그리고 평소 잘 아는 진보성향 언론인을 불러 사건을 직접 오픈하며, 업무일지에는 '사건 연계'라고 친절하게 기재한다.

지역에 스쿨 미투가 터져 교육청이 매뉴얼에 따라 피해 학생들을 보호하며 상담 인력을 투입하였을 뿐인데, 상담 주체인 여성단체들이 왔다 가기만 하면 이상하게도 곧바로 언론에 사건이 생생하게 보도된다. 이 때 피해자의 의사가 존중받지 못하는 경우가 많다. 설사 형식적인 동의를 거친 경우라 해도 대개는 거절할 수 없는 상황에서 빚어진 억지 동의가 대부분이다.

내가 만난 피해자들 중에는 '국정감사'에 출석해서 특정 국회의원과 함께 사건을 이슈화 해보자거나, 언론에 인터뷰를 해보자는 제안을 받았다는 사람들이 많았다. 심지어 어떤 피해자는 여성단체의 홍보영상에 동원되는 바람에 자신도 모르는 사이에 얼굴과 신상이 노출된 적도 있었다. 특히 스쿨 미투 사건에서 피해자 보호는 매우 중요하다. 피해자가 아직 나이어린 청소년이기 때문이다. 하지만 오로지 언론플레이에 주된 관심이 있는 페미들은 사건을 조심스레 다루기보다는 나라가 들썩일 정도로 난리법석을 치는데 더 주안점을 둔다. 이 때문에 가해자와 피해자의 신상이 노출되고 사건의 해결이 더 복잡해지기도 한다.

"어머머머, 선생이 학생을 건드렸다고?"

스쿨 미투가 발생하면 페미들은 여고 시절 교문 앞에 가끔 나타나던 변태를 떠올리며 아마도 이런 자극적인 대화가 사회 구석구석에 널리 확산되기를 기대할지 모른다. 그러나 막상 실제 사건의 내막은 다른 경우가 많다. 페미들이 선호하는 소란스런 접근은 무죄 추정의 원칙 속에서 차분하게 진행되어야 할 사건을 인민재판과 마녀사냥으로 뒤범벅되게 만든다. 이 때문에 엉뚱하게 가해자로 몰린 선생님이 자살하는 일까지 발생하기도 한다.

2. 상담일지는 조작, 근무시간엔 외부강의

　대전시의원 시절 나에게 여성단체 내부의 관련 비리들을 알려준 제보자들이 거의 공통적으로 지적한 것은 여성계 내부에 만연된 실적 부풀리기와 허위 일지 작성이었다.

　성폭력 상담소 같은 여성단체들은 이미 순수 민간기관이라기 보다는 상당한 정부 보조금을 받는 준기관들이다. 따라서 이들에게는 정부 보조금에 따른 최소한의 보고와 증빙 등이 요구된다. 특히 성폭력 상담소는 '상담 실적'을 정부에 제출해야 하는데 문제는 이 상담 실적이 허위로 작성되는 일이 부지기수라는 점이다. 한 제보자는 대전의 한 상담소에서 근무하며 자신에게 할당된 하루 3건의 '허위 상담 일지'를 작성하면서 "언제 감옥 갈지 모를 불안감을 갖게 되었다."고 실토하기도 했다. 그는 오래못가 결국 일을 그만뒀다.

　이렇게 불법을 보고 문제의식을 느끼는 사람도 있지만, 대부분은 불법을 학습하고 참고 배우다가 익숙해진다. 그것이 돈이 되고 권력이 되는 과정을 생생하게 목격하기 때문이거니와 괜히 문제를 제기했다가 퇴출되고 조리돌림 당하는 일이 종종 있기 때문이다. 실제 어떤 제보자는 내부의 온갖 비리를 감사기관과 언론에 폭로하였는데 이에 대한 여성계의 즉각적 반응은 놀랍게도 '피해자의 권력화'라는 말이었다.

피해자의 말에 조금의 의심도 갖지 못하게 하고, 토씨하나 건들지 못하도록 피해자를 독점해온 여성계의 반응이라고 보기에는 정말 경악스러울 정도였다. 정의연 문제를 폭로한 이용수 할머니를 치매 노인이라며 비하하는 행태를 필자는 이미 1년 전에 경험한 것이다.

근무시간 중 외부강의
- -

여성단체 간부들이 근무시간 중 외부강의로 부수입을 올리는 것도 큰 문제다. 1세대 페미들은 '성폭력방지법' '양성평등기본법' 등 각종 법령에 따라 공공기관과 학교, 나아가 민간 기업들에까지 〈성폭력 예방교육〉을 필수적으로 받도록 법제화 해놓았다. 이 때문에 학교나 공공기관, 민간기업에는 법령에 규정된 의무교육이 존재할 뿐만 아니라, 민간 여성단체들이 정부와 지자체의 보조금을 받아 집행하는 다양한 이름의 수시 교육까지 존재한다. 또한 여성단체의 주요 간부들에게는 수많은 강의 요청이 쇄도 한다. 이들은 시간당 수 십만 원

짜리 기관장급부터 시간당 3만 원짜리 일반 활동가까지 단가로 급을 나누어 사회 곳곳에 강의를 다닌다.

문제는 기관장급의 페미니스트들이 버젓이 근무시간 중에 외부강의에 나선다는 점이다. 내가 대전지역 여성단체들을 감사하면서 여성계의 가장 큰 반발을 샀던 것은 '상근의무 위반'에 관한 것이었다. 여가부와 지자체의 지원을 받는 여성단체의 상근자들은 정부 보조금으로 인건비와 운영비, 사업비를 전부 지원받는데다가 후원금까지 모금하고 있기 때문에 당연하게 그에 부합하는 '상근의무'를 지고 있다. 이들의 운영지침인 '여성아동권익지침'에도 상근자들의 상근의무가 명시되어 있다.

하지만 내가 감사한 기관의 소장이나 센터장 등은 정도의 차이만 있을 뿐이지, 대부분 이를 위반하고 수시로 외부강의 등 수익 활동을 하고 있었다. 어떤 기관장은 월 평균 급여 실 수령액이 4백만 원이 넘고, 야근 수당이나 명절 수당, 4대 보험료, 업무추진비 등도 우리 시민의 세금으로 전부 충당하여 받고 있는데, 2017년 기준 외부 유료 강의를 134건이나 하였다. 기관장급들의 강의료는 보통 30~50만 원 정도 되는데, 모두 개인 통장으로 받아 개인 수입으로 한다. 이들이 강의를 다니는 동안 상담소의 업무는 공백이 생길 수밖에 없고,

이는 명백한 상근의무 위반이라 할 것이다.

이러한 상식적인 문제제기에 대해 기관장급 여성계 인사들은 일제히 연대하여 반발하는 등 민감한 반응을 보였다. 내가 보기엔 이 반발이 자신들의 위선이 폭로될지 모른다는 두려움으로 보였다. 만약 조사과정에서 개인 계좌 내역이라도 드러나게 되면, 그동안 '열악한 환경' 운운하며 '처우 개선'을 외쳐온 자신들의 운동이 거짓임이 드러날 것이고, 그들을 믿고 활동하는 하급 상근자들을 더 이상 속일 수 없기 때문이다.

사실 〈성폭력 예방교육〉 시간에 강사들이 하는 교육에는 별 특별한 내용은 없다. 3만 원짜리 활동가들은 매뉴얼로 나와 있는 강의안에 따라 '여성은 약자이고 남성은 잠재적 가해자'라는 관점의 기본 강의를 하고, 기관장급들은 관음증을 충족시키듯 상담으로 알게 된 성범죄 사례를 최대한 자극적으로 생생하게 묘사하는 것을 강의랍시고 하고 다닌다.

문제는 페미들은 5만 원짜리 강의에 나간 실무 활동가들로부터 후원금 명목으로 1만 원씩 페이백을 받는 악행도 서슴지 않는다는 점이다. 말하자면, "너희들은 우리 덕분에 돈 벌게 됐으니, 후원금을 당연히 내놔야지."라는 마인드다. 이들은 젊은 활동가들에게 정치 집회 참석 등 정치활동도 요구하는데, 이런 집회 동원 요구나 페이백 요구에 응하지 않으면 배정했던 강의를 빼앗기도 한다. 활동가들은 페미 카르텔에서 벗어나면 그나마 받던 강의비도 받지 못하게 될까봐 이들의 요구를 그대로 들어줄 수밖에 없다. 그 유명한, 위력에 의한 강요인 것이다.

3. 토론회부터 사업 수주까지

내가 겪어본 대전의 시민단체들은 정부와 지자체가 발주하는 다양한 사업 수주에 경쟁적으로 나서느라 정신이 없다. 이 사업들을 범주로 나누자면 정책토론회부터 여성주거사업까지 실로 방대한 영역에 걸쳐 있다.

"여성의제 발굴을 위한 정책토론회"

나는 시의원으로 일하는 내내 참으로 생경한 단어 '발굴'이라는 말을 많이 들었다. 〈마을의제 발굴〉, 〈청년의제 발굴〉 등 발굴의 종류도 다양하다. 내가 보기엔 이것은 매우 신박한 아이템이다. 〈의제 발굴〉 사업이란 어찌보면 대체 무슨 아이템으로 정부사업을 만들어서 수주할까? 라는 여성단체의 고민을 그 자체로 사업화한 것으로 보이기 때문이다.

여성의제 발굴이란, 실상은 여성들을 불러서 '포스트잇 붙이기 놀이'를 하는 것이라고 생각하면 크게 틀리지 않다. 각자 고민 끝에 발굴한 의제들을 포스트잇에 써서 화이트보드에 붙이고 서로 간증하는 것이 이른바 의제 발굴의 거의 전부나 마찬가지다. 이런 실정이다 보니 여성의제 발굴 정책토론회는 페미들의 입담을 과시하는 공간에 지나지 않는다. 사실 여성문제 세미나는 그리 어렵지 않다. 기존의 페미 카르텔에 속해있는 교수나 언론인, 법조인 등을 불러서 발표비 수십만 원을 주면, 입맛에 딱 맞는 장황한 발표문이 뚝딱뚝딱 나온다. 페미들은 별 준비도 필요 없이 사진만 잘 찍고 오면 된다.

물론 한 가지가 더 있기는 하다. 의제 발굴 과정에는 이른바 '퍼실리테이터[18]'가 꼭 등장한다. 퍼실리테이터는 개념은 생소하지만 실제로는 참석자들의 어색함을 풀어주며 일종의 레크리에이션 강사와 같은 역할을 하는 존재이다. 문제는 퍼실리테이터 파견 자체가 정부 예산을 뽑아먹는 아이템이라는 점이다. 행정부와 지자체의 '퍼실' 사업을 석권하고 있는 모업체의 대표는 대전의 저명한 사회단체 대표이자, 관련 강의와 토론회에 단골 출연하는 교수이자, 이름만 대면 알 수 있는 대표적 시민단체의 발기인이다.

지방의원으로서 정부와 지자체의 예산을 살펴보고 있자면 여성단체들은 가히 만능일꾼들이라는 느낌이 절로 든다. 보조금 사업 또는 정부와 지자체의 성평등 기금 매칭 사업 등으로 수백만 원에서 수천만 원, 많게는 수억 원 짜리 사업을 받아 수행하는데 그 포괄 영역이 매우 넓다. 한마디로 한국의 페미는 못하는 것이 없다. 성평등이라는 이름이 들어간 연구용역, 여성 청년문제 해결, 성매매 집결지 도시 재생, 여성 주거문제 해결, 여성 청소년 진로 코칭 등의 사업 예산을 3~4명의 상근자로 구성된 여성계 단체들이 많이 받아간다.

사업계획서도 정산서도 형식적으로 숫자만 맞추면 그만이고, 그 내용이 감성적이고 알 수 없는 내용으로 가득 차 있어도 별 상관이 없다. 사업 수행 단체가 해당 분야에 전문성이 없어도 걱정할 것 없다. 어차피 페미 카르텔에 속해 있는 또 다른 페미가 사업을 심사하고 사업 주체로 선정해주기 때문이다.

아웃리치[19]로 피해자 발굴

여성단체들이 가끔 벌이는 〈아웃리치 현장지원〉이라는 신박한 사업도 알고 보면 피해자가 아니라 거의 여성단체를 위한 수익사업에 가깝다. 이 사업은 성매매 집결지, 사실상 유흥가에 직접 가서 실태조사를 하고 홍보활동과 방문상담을 통해 의료와 법률 지원을 한다는 명목으로 출범했다. 대전시는 이 사업비로 1억 가까운 예산을 여성단체에 지원한다.

나에게 여성단체의 비리를 제보한 여성 중 한 명은 자발적 성매매 여성이었다. 어느 날 지역의 여성단체가 찾아오더니 "상담을 해주겠다."며 이것저것 질문을 했다고 한다. 하지만 그 여성이 상담과정에서 자신의 성매매는 100% 자발적인 것이고 그 어떤 범죄의 요소도 없다 말하니, 그 여성단체 관계자가 이상한 제안을 했다.

　"어떤 피해도 안 가게 할 테니, 성매매 상대 남자에 대하여 기록으로 남길 수 있게 당신의 남자친구라도 사례로 적어주면 안되겠습니까?"

　아마도 아웃리치 현장지원 사업에 사업비를 받았으니 정산서를 제출하기 위해 상담 실적이 필요했던 모양이다. 정부 예산으로 받아낸 사업비 정산서를 아주 허위로 작성할 수는 없으니, 아마도 성매매 집결지에서 현수막 펼치고 단체 사진 찍은 후에 인근에서 성매매 여성으로 보이는 사람을 한 두 명 만나 대화를 나누고 아마도 이런 과정을 거쳐 상담일지를 만들었으리라.

2020년 성매매집결지 현장지원 사업계획서

■ 사업개요

단체명	████████████████████				
사 업 명	현장지원사업				
사업기간	2020.01.01.~2020.12.31		사업지역	대전역 집결지	
사업대상	대전역집결지 성매매여성		대상자수 (실인원수)	70명	
사업목적	○ 집결지 내 성매매여성의 인권유린 방지 및 탈성매매 유도 ○ 성매매여성의 자립·자활을 위한 준비과정 지원 ○ 집결지 폐쇄 및 정비를 위한 기반 마련				
사업내용	세부사업명	주 요 내 용			
	실태조사	- 지역주민, 공무원, 성매매피해여성과의 인터뷰 및 설문 조사를 통한 연밀한 실태파악 - 정보공개청구를 통한 성매매업소 운영현황 파악			
	현장방문홍보활동	- 정기적인 현장방문과 홍보활동 진행을 통한 내담자 발 굴 및 단체 홍보 - 소식지 배포를 통해 사회복지서비스 및 탈성매매 관련 정보제공			
	방문상담	- 성매매여성의 업소 숙소로 찾아가는 방문상담 진행			
	의료·법률지원	- 정신건강의학과, 산부인과 등 성매매와 관련한 질병치 료비 지원 및 간병 - 성매매피해상담 및 선불금, 일수, 사채 등 채무 관련 상담 진행 - 검·경찰 조사동행 및 민·형사 소송지원			
	직업훈련지원 및 일자리 연계	- 탈성매매를 위한 직업훈련 및 검정고시 교육기관 연계 - 자활지원센터 연계를 통한 일자리 연계			
	치유회복 및 참여 프로그램 지원	- 욕구에 맞춘 참여프로그램 지원 - 일상성 회복을 위한 치유회복 프로그램 지원 - 사회복지서비스와 관련된 정보제공 및 상담			
예 산	총사업비	99,537천원	보조금 신청금액	99,537천원	자부담	0천원 (자부담률 0%)
보조금 신청금액 (예산항목은 사업별 성격에 따라 변경 가능)	인건비	59,000천원 (59.3%)	홍보비	6,500천원 (6.5%)	사업비	24,037천 원 (24.2%)	활동비	10,000 천원 (10%)

4. 페미 카르텔의 완성 - 정치적 결탁

족벌화된 페미니스트 그룹은 같은 시민단체는 물론이고 공직사회와 정치권까지 긴밀하게 두루 두루 연계되어 있는 거대한 이익 공동체다. 공동의 이해관계를 위해 움직여야 할 때 그들은 보이지 않지만 과감하고 강력한 연대의 힘을 발휘하곤 한다.

나는 2019년 대전의 어느 성폭력 상담소에 대한 회계부정과 피해자에 대한 2차 가해 등의 제보를 받고 2~3주에 걸친 충분한 직접 조사를 거쳐 대전시에 해당 기관을 포함한 여가부 지원시설에 관한 자료를 요구했다. 그러자 자료를 요구하기가 무섭게 담당 공무원에게서 전화가 왔다.

"의원님 설명을 좀 드리러 가겠습니다. 그 민원은 이미 해결됐다고 합니다."
"일단 자료 받고 그 다음에 제가 질문 드릴게요."
"아니 찾아뵙고 설명을 드리고 싶습니다."
"괜찮아요, 제가 자료 먼저 받아볼게요."
"네..."

담당 공무원과 한바탕 신경전을 끝내니 이 사람 저 사람 지역사회의 지인들과 기자들까지 대체 무슨 자료를 요구했냐며 궁금해 하였다. 시의원이 피감기관 자료 요구하는 것이 어제 오늘 일도 아닌데 다들 새삼스럽게 왜 저러나 싶었다. 그런데 얼마 후, 기다리던 자료는 오지 않고 전문위원실에서 전화가 왔다.

"의원님, 와보셔야겠습니다."

시의회에 가보니 여성단체 사람들 40여 명이 의장실에 찾아가 피켓을 들고 시위를 하고 의장과 면담을 하고 있었다. 기자들에게는 이미 '시의원의 갑질'이라는 단어가 들어간 보도자료가 배포된 상태였다.

나는 여성단체 대표 3명과 면담을 했다. 그 자리에서 여성단체 측은 "이런 자료요구 처음 받아봤다. 당황스럽다."고 말했다. 나 역시 이에 대해 "나 또한 당황스럽다. 이렇게 단체로 몰려와서 소수정당 시의원에게 자료요구 철회를 요구하며 위력을 행사하는 것이 갑질이다."고 대응했다. 하지만 당일 언론의 기사에는 '시의원의 자료요구 폭탄, 도와주지는 못할망정 갑질', '해당 기관은 업무 마비', '마치 무슨 대단한 비리가 있는 것처럼 이렇게 할 수 있느냐' 등 여성단체 측의 입장이 일방적으로 보도되었다. 졸지에 갑질 시의원이 된 나는 그러나, 자료요구를 철회할 이유가 전혀 없었기 때문에 철회하지 않고 끝까지 모든 자료를 받아냈다.

자료를 받아보니 참으로 가관이었다. 4개 기관 중에 한 군데를 제외한 나머지 기관의 회계자료가 엉망이었고, 기관장과 상근자들이 상근의무를 위반하고 있었으며, 사업수행 보고서도 매우 부실했다. 특히 이를 감사하는 과정에서, 정부 보조금이 지원되는 〈피해자 심신회복 캠프〉에 단체 상근자 가족들을 함께 데리고 와서 먹고 마시고 놀았다는 이야기를 듣게 되었다. 무엇보다 피해자 신상 노출을 조심해야할 피해자 지원시설에서 일어나서는 안 될 일이 일어났다는 점에서 분노가 치밀었다.

제보자들이 공통적으로 지적한 '실적 부풀리기'와 '일지 허위 작성'도 분명히 확인할 수 있었다. 피해자 의료비 지원 용도로 받는 보조금이 매년 12월 말에 갑자기 10원 단위까지 정확하게 사용되는 이해할 수 없는 상황이나, 첨부된 영수증 상의 결제 기관과 정산서에 기록된 의료기관이 서로 다른 내역도 확인할 수 있었다. 피해자 지원시설에서 〈가해자 교정프로그램 사업〉을 수행하는 것 자체도 이해할 수 없었고, 이들이 인근 사회복지관에서 나온 유통기한이 지난 빵들을 수거해서 수감자들에게 제공하고 정작 책정된 간식비는 유용했다는 제보도 정황상 사실로 드러났다.

나는 이러한 사실들을 즉각 SNS를 통해 주변에 알리고 동료 의원들과 특위 구성을 시도했다. 그러자 여성단체들은 또다시 단체행동에 나섰다. 이들은 시의회 앞에서 대형 현수막과 피켓을 들고 필자를 규탄하는 집회를 했다. 열악한 환경에서 일하는 와중에 자료요구 때문에 업무가 마비되었다는 사람들인데, 언제 이렇게 공대위를 꾸리고 보도자료를 만들고 피켓과 현수막을 제작했는지, 그 정성이 참으로 대단하다 느껴졌다. 그런데 어찌하랴. 이미 자료는 필자 손에 넘어와 있었다.

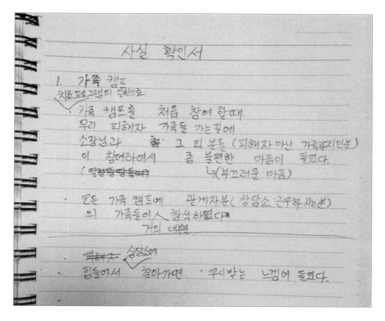

특위 구성은 누가 막았을까?

당시 나는 해당 사안 중에 몇 가지 문제는 범죄에도 해당할 수 있고, 수사 의뢰를 하거나 감사원 감사 청구를 해야 할 사안이라 판단했다. 그래서 대전시의회 동료의원들에게 이들을 감사할 특별위원회 구성을 제안하였고, 실제로 긴급 특위 구성에 동의한 의원들이 서명을 하였다. 그런데 어찌된 까닭인지 당시 민주당 대전시당위원장이 소집한 간담회에 다녀온 시의원들은 전부 서명을 자진 철회하는 초유의 사태가 일어났고, 결국 특위 구성은 불발로 끝나고 말았다. 민주당 일색이던 시의회에서 민주당의 확고한 정치기반인 '페미 카르텔'의 비리를 들춰내고 감사하기란 실로 불가능에 가까운 일이었음을 새삼 깨닫게 되었다.

이렇게 특위 구성도 불발로 끝나고, 대전시의 감사도 솜방망이 처분으로 유야무야되는 사이, 필자는 고소권이 있는 제보자가 직접 경찰에 고소하고 국민권익위원회에 보조금 비리 신고를 할 수 있도록 절차를 안내하였다. 시의원으로서 할 수 있는 감사 방법들이 거의 모두 방해받았기 때문에 궁여지책으로 법조인으로서 할 수 있는 방법을 찾았던 것이다.

국민권익위원회는 해당 기관장의 상근의무 위반 등에 대해 혐의가 있다고 보고 대전시와 경찰청에 사건을 넘겼다. 그러자 놀라운 일이 벌어졌다. 그때까지 대전시와 민주당의 비호 아래 버티기로 일관하던 해당 성폭력 상담소가 곧 바로 자진 폐쇄 신고를 한 것이다. 그리고 대전시는 이를 매우 신속하게 수리 했다. 극히 이례적으로 빠른 조치였다. 사회복지사업법상 행정처분에 따라 폐쇄를 당할 경우, 이후 해당 기관장의 취업에 제약이 생길 수 있기 때문에 재빨리 '자진 폐쇄'로 처리한 것이 아니냐는 의혹이 생길 수밖에 없었다.

그 이후 대전경찰청은, 혐의자의 개인통장 거래내역 조회조차 한 번을 못하고 불기소로 정리하는 것 같았으나, 나중에 추가로 신고한 사건에서 일부 혐의가 인정되기도 했다. 그러나 그 뒤로도 "김소연에게 제보한 사람이 누구냐."며 한바탕 제보자를 색출하는 소동이 계속 이어졌다.

같은 성추행도 어느 정당이냐에 따라 달라진다

페미 카르텔은 정치권과 긴밀하게 연계되어있다. 이 때문에 같은 성추행 사건이라도 특정 정당이 벌인 성추행은 페미들의 대응이 다르다.

한번은 대전에서 민주당 소속 구의원이 다른 당 소속의 동료 여성 구의원을 성추행한 사건이 있었다. 해당 사건은 당연히 페미들의 안테나에 잡혔지만, 가해자가 민주당 소속이니만큼 바로 공대위가 꾸려지거나 시위로 연결되지 않았다. 페미들이 이렇게 뜸을 들이니 당연히 언론의 보도 역시 한 박자씩 늦어졌다. 그 사이에 민주당 대전시당은 발 빠르게 가해자를 당에서 먼저 제명했고, 제명 발표 나오기가 무섭게 페미들은 구의회 앞에서 '민주당' 단어가 쏙 빠진 피켓을 들고 해당 구의원을 제명하라는 시위를 벌였다. 어쩔 수 없이 여성단체로서의 대응을 하긴 했지만 특정 정당이 대응할 시간을 벌어준 것이다.

문제는 그 다음 상황이었다. 가해자에 대한 제명 주장을 한 뒤로 페미들의 화살은 엉뚱하게 피해자 쪽을 향했다. 페미들은 SNS로 성추행 사건을 한참 퍼 나르더니, 급기야 이번엔 피해자가 신상을 밝히지 않는다며 피해자에게 아웃팅을 강요했다. 당시 한 여성단체 대표는 "피해자가 외부에 피해 사실을 알리고 공론화하는 것이 여성운동"이라 하였고, 다른 페미들도 "피해 여성의원은 여성이기 이전에 지방선거를 통해 유권자의 선택을 받은 선출직이자 공인이라는 점을 분명히 인식해 사법기관의 수사에 적극적으로 협조해야 한다."면서 사실상 피해자에게 명백한 2차 가해를 저질렀다. 심지어 피해자가 아웃팅을 하지 않는 것은 공인으로서의 자세가 아니라며, "표로 평가하겠다."는 엄포를 놓기도 했다. 만약 이 같은 사건이 다른 정당에 의해 저질러졌다면 과연 이렇게 행동했을까? 라는 의문이 들지 않을 수 없었다.

페미들의 회전문 인사

페미 카르텔을 통해 족벌화된 여성단체 간부들은 뿌리 깊은 자기들만의 네트워크를 통해 알음 알음 지자체나 정부기관에 어공('어쩌다 공무원'의 약칭)으로 취업하는 경우가 많다.

대전시의 경우 대전00회, 00연합, 00네트워크 등 10여개 여성단체 대표들이 서로 자리를 나눠먹고 있다. 회전문 인사처럼 이곳저곳의 소장, 센터장, 대표 명함을 수시로 갈아치우며 몇몇 여성계 카르텔 속 인사들이 20년 째 소위 '해먹고' 있다. 그러다가 한 두 명씩 정부와 지자체의 정무직, 별정직 공무원으로 들어가기도 하고, 선거에 출마하여 지방의원이 되기도 한다. 정식 박사학위도 없이 연구기관의 연구원으로 들어가기도 한다.

나는 이러한 거대한 결탁관계를 빗대어 한국의 페미니즘을 '시벌(市閥)페미'라고 비판한 바 있다. 여기서 시벌(市閥)이란 재벌(財閥), 군벌(軍閥)과 같은 맥락의 용어다. 재벌은 돈, 군벌은 군사력을 원천으로 삼아 거대 족벌을 형성했다면 시벌은 주로 정부 보조금을 수주하는 시민단체들 간의 족벌적 카르텔이라는 점에서 시벌이라고 명명한 것이다.

5. 내가 겪은 페미의 실체

　2018년 나는 당시 민주당 박범계 국회의원의 요청으로 지방선거의 시의원으로 출마할 예정이었다. 원래 정치에 대해 잘 모르고 크게 출마 의지도 없었던 터라 처음에는 제안을 고사했지만, 간곡한 부탁이 이어져 결국 그 요청을 받아들였다. 문제는 그 다음부터다. 내가 시의원 출마 요청을 받아들인 무렵부터 알게 된 이른바 정치권 및 여성계 인사들 그리고 시민단체 사람들의 모습이 내가 밖에서 상상하던 것과는 너무 달랐다는 것이다. 그 때의 경험담이다.

　2018년 3월, 나는 당시 시비례대표로 출마하려고 준비중이었던 여성단체 대표로부터 시민사회 인사 2명을 소개받았다. 한 명은 전(前) 대전시장 성평등특보 출신이었고, 다른 한 명은 소개한 당사자인 여성단체 대표를 비서처럼 따라다니던 인물이었다. 둘 다 여성이었다. 변호사들에게는 매우 바쁜 시기인 3월 중순의 어느 날, 나는 한참 일하다 말고 나를 '시민사회'에 소개해주겠다는 자리에 불려가 이들의 수다를 한참이나 참아내야만 했다.

　"그 여자 알잖아."

내가 도착했을 때, 이들은 지역에서 한참 시끄러웠던 성추행 사건에 대해 이야기 중이었고, 나를 의식해서인지 시의원, 구의원, 기자들 이름을 들먹이며 자신들이 얼마나 대전시 정가를 잘 알고 있고 그들과 친분이 있는지 과시하기 시작했다. 변호사 일과 육아 외에는 다른 곳에 신경 쓸 여력이 별로 없었던 나는 이들이 도대체 누구 이야기를 하는 건지 알지도 못한 채 그저 듣고만 있을 수밖에 없었다.

시비례대표를 준비하고 있었던 여성단체 대표는 박범계 민주당 대전시당위원장이 자신에게 〈젠더폭력 특위〉 위원장을 맡겼다면서, 자신이 쓴 성추행 사건 논평 초안을 한 번 읽어보라며 종이를 건넸다. 눈에 별로 들어오지 않는 장황한 글을 읽고 있으려니, "내가 도대체 여기 왜 앉아있나? 준비서면 쓸게 밀려 있는데"라는 생각에 조바심이 올라오기도 했다. 하지만, 일단 묵묵히 참고 고개를 끄덕여 주기도 했다. 그러자, 이들은 신이 나서 더 자극적인 단어를 써가며 이야기를 계속했다. 그런데 한 가지 놀라운 장면은 이들이 피해 여성에 대해 "그 여자 알잖아."라며 비하성 발언을 계속하는 것이었다. 소위 여성계 인사들의 입에서 피해자를 비하하는 발언을 듣게 되니 당시의 나로선 참으로 새로운 경험이었다. 나는 그렇게 거의 몇 시간을, 이들의 주절거림에 시달린 뒤에야 그곳에서 빠져 나올 수 있었다. 퇴근 시간이 다 되어서야 다시 책상에 앉으니, 쓰고 있던 준비서면의

맥이 끊겨 짜증이 밀려왔다. 그들은 알까? 궁금했다. 당신들이 이렇게 민폐 캐릭터라는 사실을.

시민사회에서 "말 나온다"

해당 여성단체 대표는 이후로도 나를 몇 차례 불러내 박범계가 김소연을 시의원 후보로 지목한 것에 대해 "시민사회에서 말이 나온다."며 소식을 전했다. 그의 말에 따르면, 대전시의 여성계와 시민사회에서 내가 민사고 출신으로 꽃길만 걸어 온 금수저이고, 형사사건을 100건이나 들고 있는 돈만 밝히는 변호사이며, 성추행 사건에서 가해자 편을 들었던 전력이 있다는 말이 돈다는 것이었다. 나로서는 굳이 설명을 해야 되는가? 싶을 정도의 황당한 이야기였지만 내 입으로 설명은 해줘야 할 것 같아 아주 건조하고 정확하게 또박또박 사실 여부를 정리해주었다.

그러나 사실여부에 대한 나의 설명과는 별개로 나는 그날 들었던 시민사회에서 "말 나온다."는 표현에 대해 짐작이 가는 바가 있었다. 물론 10년 넘게 학업과 육아와 사회생활을 동시에 해 온 사람으로서, 나는 적어도 "말 나온다."는 말이 얼마나 실체가 없는지 정도는 알고 있었다. 하지만 어떤 이유에서건 정치를 처음 시작하게 된 사람에게 선배격인 시민사회에서 "말 나온다."는 말은 그 자체로 상당히 위협적으로 느껴지는 것 또한 사실이었다. 그 자리는 소위 '시민사회'라는 족벌체계가 "말 나온다."는 표현으로 정치 초년생인 나에게 신고식을 강요하는 자리였던 것이다.

혹시 세컨드야?

2018년 3월 23일 오후, 나는 그날을 잊지 못한다. 그 전날, 전전 날처럼, 나는 또 다시 같은 사람의 부르심(?)을 받고, 그 여성을 만나러 나갔다. 시민사회에서 "말이 나온다."라고 전했음에도 영 길들여지지 않아서였기 때문일까? 그 페미는 더 강한 표현을 쓰기 시작했다. 그러면서 하는 말이 이제는 여성계에서 "도대체 김소연이 누구냐. 박범계 세컨드라도 되느냐?"는 말이 나온다고 전했다. 그리고 내 귀에 이번에는 세컨드라는 말이 들리는 순간 알 수 없는 감정의 파문이 일었다. 당시에는 그 감정이 어떤 감정인지? 나 스스로도 잘 알 수 없었다. 그러나 얼마 뒤 나는 그날의 만남과 심정에 대해 당시의 감정을 이렇게 적어두었다.

"지금도 또렷이 기억난다. 난생처음 여성으로부터 남성과의 관계에 대한 검증을 받기 위해 긴장된 마음으로 카페에 앉아 있던 그 순간을. 검증을 자처한 여성이 남편의 상대 불륜녀를 추궁하는 사람처럼 앉아 있던 그 대낮의 카페를. 난 곧 깨달았다. 이 사람은 말로는 나를 도와주겠다며 나에게 많은 것을 요구했지만 궁극적인 관심은 따로 있었고 결국 그것을 알아내기 위해 이 자리에 앉아 있다는 것을. 도와주겠다며 알아낸 나의 정보를 가지고 또 다른 말을 만들어내고 궁금증을 참지 못해 결국 이 자리까지 불러냈음을.

하지만, 나는 그 순간에도 웃는 돌처럼 무기력하게 앉아 있었다. 한일합병의 순간에도 시간은 유유히 흘렀던 것처럼, 그 순간에도 시간은 흘렀고, 나는 그 여자가 불륜 남편 역할을 하는 남자에게 묻는 말을 듣고, 그 남성이 시시콜콜 대답하는 장면을 지켜보고, 목례를 하고 걸어 나왔고, 마침내 그 여자의 궁금증은 풀리는 듯 했다. 그 여자는 거기서 멈추지 않고 몇 시간을 수소문하여, 이 말도 안 되는 불륜 역할극의 실토과정에서 드러난 제3자, 말하자면 불륜 남녀의 연결고리가 되는 사람에게 연락하여 또 다른 넘치는 호기심을 해결하려 했다. 그 불륜남녀 역할극의 남녀를 돕겠다는 참으로 기가 막힌 명분이었다.

그리고 이날의 일은 오랫동안 수치의 기억으로 남았다. 같은 여성인 이 여자에 대한 분노의 기억이기 이전에 그 과정을 그렇게 치러냈던 나에 대한 수치의 기억으로. 그때 나는 다소곳이 앉아 있기보다는 앞에 놓인 탁자를 당수로 쪼개며, "이보세요, 여성 인권을 지켜왔다고 외치며 그 경력으로 이 자리까지 온 사람이, 이렇게 이중적으로 여성 인권을 짓밟고 성적 수치심을 일으키는 발언을 하실 수 있는 겁니까!"라고 고래고래 소리를 지르고, 목젖을 뽑아 줄넘기를 한 다음에, 창문을 온몸으로 받아 깨면서 밖으로 뛰쳐나와야 하지 않았을까? 그러고는 대로변에서 벌거벗고, 소리를 지르며 온몸으로 성희롱의 고통을 울부짖었어야 하지 않았을까?

하지만 나는 그러지 못했다. 내 안의 광인을 봉인 해제하기는커녕, 언제나 그러했던 것처럼 충실하게 상간녀처럼 대답하는 역할을 수행했다. 그리고 시간이 한참 지나서야 그것이 수치의 순간이었다는 것을 깨달았다. 나는 그때 왜 웃는 돌처럼 다소곳이 앉아 있었던 것일까? 예정에 없이 내쳐지지 않기 위해서 일단 이 상황을 모면하고 봐야겠다는 계산을 순간적으로 해낸 것일까? 아니면, 저 사람들하고 원수지고 나면 평생 이 도시에서 고개를 들고 다니기 어렵다는 판단을 한 것일까? 저 여자가 순전히 호기심을 풀기 위해 또는 나를 주저앉히기 위해 저 자리에 앉아 있다는 것은 나 혼자의 판단일 뿐, 그 사실을 증명하기는 어렵다는 것을 체득하고 있었던 것은 아닐까!"

이 기록은 그 순간 그 자리에서 직접 대놓고 항의하지 못했던 나의 무기력함에 대한 처절한 반성이자 자책이었다. 그런데 더 큰 문제는 나에게 세컨드 발언을 한 그 페미니스트에 있었다. 한 여성에 대한 "세컨드냐"라는 발언이, 성범죄 피해자를 "꽃뱀"이라 몰아가는 폭력적 발언만큼이나 상대 여성에게 성적 수치심을 준다는 사실을 그 여성운동가는 아직도 깨닫지 못하고 있다. 아니, 아마도 여전히 상대를 위해서였다 합리화하며 앞으로도 깨닫지 않으려 할 것이다. 그 여자는 성적으로 핍박받는 여성들을 위해 활동했다며 자기 위안을 삼겠지만, 정작 자기 자신은 성적 수치심을 겪어본 경험이 없기에 그 우아한 말투로 쓰레기를 내뱉고 있다는 사실조차 자각하지 못한 것이다. 무려 여성인권을 지켜왔다는 사람이 말이다.

페미가 만든 이상한 나라

1. 의미없는 성별영향평가

페미니즘의 확산과 더불어 정부의 국정 시스템 전반에 걸쳐 거의 무의미하고 예산 낭비에 지나지 않을 것 같은 여성정책이나 관련 제도들이 등장하기 시작했다. 어떤 쓸모없는 정책들이 정부 정책과 제도 안에 들어와서 페미들의 배를 불리는 일에 동원되고 있는지 살펴볼 필요가 있다.

우리나라에는 〈성별영향평가〉라는 제도가 있다. 이는 정부와 지방자치단체가 펼치는 정책이나 사업을 수립, 시행하는 과정에서, 성별의 차이가 성차별이 되지 않도록 성별에 미치는 영향을 분석하는 제도로 정의된다.[20] 환경영향평가(1981년), 규제영향평가(1994년), 부패영향평가(2005년) 등에 이어 2005년 도입된 제도로, 여성가족부 주관으로 이뤄지고 있는데, 정부와 지자체 주요 사업을 모두 분석하느라 연간 수천 억의 예산이 투입되는 것으로 추정된다.

나 역시 대전시의원으로 활동하던 당시 교육위원으로서 교육청 사업 성별영향평가위원회의 위원으로 대상 사업을 선정하는 회의에 참여한 적이 있다. 대전시교육청에서는 수많은 사업 중에 성별영향평가 대상사업으로 올릴 50개 사업을 추천하느라 머리를 쥐어짠 듯 했다. 관련 사업들의 예를 들면 영재학급을 운영하는데 남성 교사의 비율이 높다거나 학부모 운영위원회에 엄마들이 더 많이 참여한다거나, 박물관 견학 프로그램을 수행하는 선생님 비율에서 여성이 지나치게 높다는 등의 이유로 선정된 사업들이었다. 사업마다 참여자들의 성별이 기계적인 평등이 이루어지지 않았다는 이유로 성별영향평가 대상사업으로 추천이 됐다.

듣고 있자니 답답함이 밀려왔다. 회의 내내 도대체 이게 뭐하는 것인가 싶었다. 예를 들어 영재학급을 운영하는 선생님 중에 남성이 많다는 사실을 두고 평등하지 않다고 해석해야 할까? 영재학급 운영에 지원하는 선생님들의 남녀 비율을 먼저 살펴보고 그 비율에 비해 선정 과정에서 여교사가 혹시 불이익을 받는지를 확인해야 성차별 여부를 알 수 있는데, 성별영향평가는 그저 현상을 기계적으로 분석하여 너무도 뻔한 결과를 여가부에 통계자료로 올리는 수준이었다. 학부모 운영위원회에 엄마들이 많은 이유를 단순히 아빠들의 교육 참여율이 낮다고 볼 일이 아니라, 학부모 운영위원회가 열리는 시간이 평일 낮이라는 사실과 엄마들과 아빠들의 맞벌이 여부, 회의 참석 시에 회사에 공문을 발송해서 아무런 제약 없이 자녀의 학교 운영위원회에 참석할 수 있는 제도가 마련되어 있는지 여부 등 여러 조건들을 살펴봐야할 일이다.

각급 정부 부처와 지자체는 이러한 과정을 거쳐 성별영향평가를 해야 할 대상 사업을 발굴, 선정하고 개선 계획을 수립하고 매년 평가를 통해 개선 이행률을 포함한 종합분석 결과를 의무적으로 여성가족부에 보고해야 한다. 여성이 압도적으로 많은 초등교사들의 성별 비율 문제 등은 성별영향평가에서 문제되지 않는다. 해당 기관의 발굴 실적을 여가부에 보고해야 하는 것이다. 각 부처, 지자체 공무원들은 이런 쓸데없는 일에 대상 사업을 발굴하고 선정하느라 매년 고생을 하고 있다. 내가 보기엔 시간 낭비, 종이 낭비일 뿐이다. 여가부는 친절하게도 이들이 감을 잡지 못할까봐 사업을 발굴하고 선정하고 보고서를 작성하는 방법에 관한 워크샵을 실시하더니, 아예 GIA(gender impact assessment)라는 성별영향평가시스템을 도입해서 관리하기 시작했다.

매년 나오는 분석보고서를 보고 있으면 억지로 쥐어 짜낸 문제점들이거나 논란을 일으키는 문제들, 이미 많은 곳에서 지적을 받았던 문제점에 대한 중복 지적이어서 참으로 의미 없다는 생각이 든다. 이런 일에 국민의 혈세를 낭비해야 하는지 의문이다.

허무한 성폭력 예방 활동

여성단체가 정부 예산을 받아 수행하는 성폭력 예방사업도 그렇다. 만약 우리나라에서 사기 사건을 예방하고 근절하겠다며 이른바 '사기예방전문지원센터'를 만든다는 명목하에 법조인도 수사기관도 아닌 시민단체가 달려든다면 어떻게 될까? 각종 기관을 설립하고, 피해자 지원 제도를 만들고 예방교육을 위한 강사를 양성하겠다며 묻지도 따지지도 않고 무조건적 예산을 편성한다면 어떻게 될까? 혹은 인터넷 등을 이용한 명예훼손 사건이 폭증하고 있으니 시민단체가 이를 예방하고 피해자를 지원하기 위한 기관을 만들겠다며 정부 예산을 달라고 하면 어떻게 될까?

여성단체가 벌이는 성폭력 예방사업이란 본질적으로 이런 차원과 다를 바 없다. 즉 비전문가인 시민단체, 그것도 성별이 여성이라는 이유로 모인 단체에서 범죄 수사와 처벌, 피해자 지원이라는 전문적 역할을 수행하고 있는데, 정부와 지자체는 군소리 없이 예산을 퍼주고 있는 것이다.

여성계의 성폭력 예방사업은 실로 광범위한 활동범위를 갖고 있다. 올바른 성관념 교육을 위해 교육 사업에 진출하고 있고, 모니터링이라는 이름으로 방통위에서 관할하는 각종 방송에 대해서도 관여한다. 고용노동부와 보건복지부에서 꾸준히 해온 여성과 아동의 근로 지원사업에도 관련 예산을 타내려 숟가락을 얹고 있다. 성폭력 예방교육, 강사 양성, 성폭력 피해자 지원, 성매매 피해 지원, 가정폭력 피해 지원, 성매매 현장 지원, 양성평등 주간 행사, 법정 모니터링, 피해자 상담, 강의 모니터링, 상근자들 슈퍼비전, 온갖 연구용역, 토론회 참여, 각종 위원회 참석 등등. 이 모든 항목들이 모두 '성폭력 예방'이라는 명목하에 추진할 수 있거나 현재 진행 중인 사업들이다.

이렇게 사업 아이템이 많을 정도면 한국 여성단체들은 인력이 부족할 만큼 팽팽 돌아가지 않을 수 없다. 한마디로 창조경제를 선도하고 있는 것이다. 더군다나 '성폭력 예방 또는 근절'이라는 목표는 어차피 100% 실현이 불가능한 목표라 경기를 타지 않는 사업에 속한다. 여성단체는 여기에 지급되는 여러 가지 정부 보조금과 각종 수익들을 황금알을 낳는 거위의 알을 빼먹듯 쏙쏙 빼먹고 있다. 자, 이쯤에서 누구보다 신박하게 창조경제를 실천하고 있는 여성계에 묻고 싶다.

"그래서 성폭력은 도대체 언제 근절되나요?"

2. 성인지정책담당관은 무엇을 인지하나

　페미데믹이 미풍이 아니라 열풍이 되려면 무엇보다 페미니즘이 설정한 가치가 정부의 주요 기능 중에 하나로 인정받고 이것이 정책과 예산으로 구체화 되어야 한다. 동시에 실무적으로는 공직 사회 안에 하나의 주요 보직으로 자리를 잡아야 한다. 다시 말해 정부 시스템 내부의 깊은 곳까지 페미니즘의 가치관이 침투해야만 한다.

　실제로 우리나라에서는 언제부턴가 페미 직렬이라고 부를 만한 공직이 늘어나고 있다. 이에 따라 정부가 집행하는 〈페미 예산〉도 크게 확대되고 있다. 2020년도 국가예산 중 이른바 〈성인지 예산 사업〉은 35개 부처의 284개 사업으로 예산 전체 규모는 31조 7,963억원에 달한다.[21]

　문재인 정부 집권 이후 전국 지자체는 경쟁적으로 성 정책을 담당하는 직렬을 만들었다. 대전시의 경우 지방공무원 3급의 직급에 해당하는 〈성인지정책담당관〉 자리를 신설했고, 서울시의 젠더담당관과 젠더특보, 젠더자문관을 비롯하여 전국 지자체에서는 양성평등정책담당관, 성평등특보, 인권담당관 등 다양한 이름으로 성평등 정책이나 여성정책을 전담하는 '어공'(어쩌다 공무원) 직렬을 만들었다.

이들은 연간 30조원이 넘는 성인지 예산을 각 부처와 전국 지자체를 통해 집행하고 새로운 여성정책을 발굴, 수립하는 역할을 주로 담당한다.

그렇다면 성인지 예산 사업이란 것의 실체는 과연 무엇일까? 내가 시의원으로서 확인해본 경험에 의하면, 대전시의 경우 성인지정책담당관이 하는 일은 양성평등주간 행사, 양성평등 워크샵, 여성친화도시 지정 업무, 여성인재 DB구축, 젠더공감2030 청년활동가 양성 사업, 성평등 우수아이디어 시상 등을 주관하는 것이다. 내가 보기엔 이 사업들 중 몇 가지를 제외하면 거의 대부분이 페미들의 축제와 사교 행사 같은 사업들이다. 페미들이 나랏돈으로 다과를 차려놓고 행사를 즐기며 축제와 사교를 하는 셈이다. 그리고 이런 이력을 갖고 또 다시 여성인권운동가라는 간판을 달고 정치권으로 나아간다.

양성평등 워크샵인데 여자들만 간다고?

대전시의원으로서 성인지정책담당관실 사업을 검토해보니, 양성평등정책 워크샵이라는 사업이 신규 사업으로 들어와 있었다. 그런데 대전시 홈페이지 등 어디에도 공고가 나지 않았고 사업은 이미 집행된 것으로 나왔다.

　담당 공무원께 해당 사업 경과를 여쭤보니, 일반 시민 여성들에게
는 공지가 나간 사실이 없고 지역의 여성 리더, 다른 말로 표현하면
페미 카르텔에 속한 여성들이 워크샵을 다녀온 것이라는 답변이 나
왔다. 프로그램 중에는 앞서 언급한 포스트잇 붙이기와 의제 발굴이
어김없이 있었고, 행사 때 찍은 사진을 보아하니 맛있는 것 먹으면서
관광 코스를 짧고 굵게 잘 다녀온 듯 했다. 한마디로 시민 세금으로
여성단체가 야유회를 다녀온 셈이다.

　그런데 이상한 부분이 있었다. 이름은 분명 양성평등정책 워크샵
인데, 참석자들은 다 여성들뿐이었다. 논리적으로 이상하지 않은가.
내가 이런 문제를 은근히 제기하니 나이 지긋하신 담당 공무원은 자
신이 유일한 남자로 참석했다고 자랑스럽게 이야기를 하며 "의원님,
저 거기서 많이 배우고 왔어요."라고 말씀하셨다. 그래서 "무엇을 배
우셨냐?" 물으니 집사람이 얼마나 그동안 고생을 했는지, 사회에서
여성들이 얼마나 많은 차별을 받아왔는지 깨달았다는 답변이 돌아왔
다. 나는 너무나 뻔한 레파토리에 웃음이 나오는 것을 참으며, "사무
관님, 아들 딸 차별하세요?"라고 물었다. 담당 공무원은 한참을 고개
를 갸웃거리더니, "의원님, 생각해보니까 그러네요. 아들 녀석에게
전화오면 '왜 이놈아!'라고 전화를 받고, 딸이 전화를 걸어오면 '어

우리 딸 뭐 필요한 것 있어?'라고 대답하는데요."라고 대답하시는 것이다. 필자는 그것 보시라고, 요즘 세상에 무슨 남녀가 그렇게 차별을 받고 사느냐고, 도대체 언제적 이야기 하시느냐고 잘 생각해보시라고 했다.

담당 공무원은 내가 뭔가 트집을 잡을까 걱정했는지 얼마 후, 정성스럽게 정리한 보고서를 가지고 왔는데, 그 보고서에는 "퇴근한 남편이 아이에게 우유 타 먹이기" "가사노동 남녀 간에 나눠서 하기" 등 1980년대에나 Hot했을 법한 의제들이 한 바가지 발굴되어 있었다. 이런 일들에 지자체 예산이 펑펑 쓰이고 있었던 것이다.

3. 성매매는 '불법'인데 성매매 여성은 '피해자'

성폭력 피해여성에 대한 국가의 지원제도 역시 전면 재고해야할 필요성이 크다. 우리나라는 2004년부터 '성매매 알선 등 행위의 처벌에 관한 법률'(약칭:성매매처벌법)과 '성매매 방지 및 피해자 보호 등에 관한 법률'(약칭:성매매피해자보호법)을 제정, 시행하였으며, 이때부터 성매매는 우리나라에서 공식적으로 '불법행위'이자 '범죄'가 되었다.

성매매처벌법 제2조에 따르면 '성매매'란 '불특정인을 상대로 금품이나 그 밖의 재산상의 이익을 수수하거나 수수하기로 약속하고 성교 또는 유사 성교행위를 하거나 그 상대방이 되는 것'을 말하고, '성매매 피해자'란 '위계, 위력, 그 밖에 이에 준하는 방법으로 성매매를 강요당한 사람', '업무관계, 고용관계, 그 밖의 관계로 인하여 보호 또는 감독하는 사람에 의하여 마약에 중독되어 성매매를 한 사람', '청소년, 사물을 변별하거나 의사를 결정할 능력이 없거나 미약한 사람 또는 중대한 장애가 있는 사람으로서 성매매를 하도록 알선, 유인된 사람', '성매매 목적의 인신매매를 당한 사람'을 말한다.

이 법에 의하면 성매매를 하는 여성들은 처벌을 받을 수 있으나, 특별한 상황에서 강요나 성매매 알선, 유인 등을 당한 여성들은 '성매매 피해자'가 된다. 사실 '성매매처벌법'이라는 특별법이 없어도 형법상 강요죄, 미성년자 약취 유인의 죄, 추행 등 목적 약취, 유인의 죄, 인신매매, 강간, 미성년자 등에 대한 간음죄, 업무상 위력 등에 의한 간음죄는 기존의 법령 안에서 모두 처벌할 수 있다. 다만 특별법을 제정함으로써 가중 처벌이 가능한 정도의 차이가 있을 뿐이다. 단순히 '가중 처벌'이 목적이었다면 형법 자체의 개정을 통해서 목적을 달성할 수 있었다. 그런데 여성계가 줄기차게 '특별법'을 요구해 관철시킨 이유는 성매매 피해자의 인권 보호와 지원이라는 부대사업에 더 큰 관심이 있었기 때문으로 보인다.

즉 성매매에 관한 범죄를 특별하게 취급하려는 의도 보다는 성매매의 예방과 근절을 명목으로 홍보나 교육 등에 필요한 재원을 마련한다거나, 성매매 피해자 지원사업을 국가나 지자체의 사업으로 만들어, 이에 관련된 여성단체의 대정부 발언권과 입지를 강화하고 재정지원의 근거를 마련하는데 더 공을 들였다는 것을 알 수 있다.

여성폭력방지기본법은 페미 일자리제조법

여성폭력방지기본법 역시 입법 취지 자체가 말 그대로 여성에 대한 폭력방지에 목적이 있는지? 매우 의심스럽다.

2019년 시행된 〈여성폭력방지기본법〉은 여성을 사회적 약자의 지위에서 법적인 약자의 지위로 만들어, 국민이라면 누구나 동일하게 적용받는 기본권 등에 있어 성별 자체로서 특수한 권리를 부여받게 했다. 그런데 이 법은 초기부터 여성이라는 특수 계급을 만들고, 모든 남성들을 잠재적 가해자로 취급하여 오히려 젠더 갈등을 부추기고 있다는 비판에 직면했다. 무엇보다 성매매처벌법처럼 성차별문제나 여성근로 등 기본적 조항들을 이미 헌법과 다른 법률들에서 규율하고 있음에도 불구하고 굳이 〈여성폭력방지기본법〉을 통해 중복적으로 규제하는 내용들이 많다. 그 이유 역시 페미들의 새로운 돈벌이 영역을 창출하기 위함으로 해석할 수 있다.

이 법에는 국가와 지방자치단체의 재원 확보 의무와 여성폭력방지위원회 및 지방여성폭력방지위원회 설치, 각종 실태조사와 통계 및 홍보, 각종 교육에 관한 의무 규정과 관련 기관에 대한 행정적, 재정적 지원 및 위탁 근거를 명시하고 있다. 즉 〈여성폭력방지기본법〉은 오직 여가부와 그 산하 기관의 일자리 창출을 위한 법적 근거와 재원 마련에 목적이 있다. 정작 국가가 신경써서 보호해야할 기초생활 수급 여성, 한부모가정 여성, 폭력 피해여성을 위한 근본적인 대책은 없다. 이 법 때문에 오히려 정부의 행정 복지 역량이 분산된다. 폭력 피해여성이 발생하면 각종 실태조사와 통계자료를 업데이트 하고 언론 보도를 통해 피해 사실을 홍보하며 각종 위원회 소집과 교육을 추진하느라, 여가부 산하 기관들은 본연의 업무에 해당하는 여성 폭력 피해자들의 상담과 지원을 할 시간이 없다는 것이 종사자들과 성폭력 피해자들의 공통된 고발 내용이다.

문신도 세금으로 지워주는 나라

성매매피해자보호법 제23조 의료비 지원 항목을 보면 '성매매와 관련된 것으로 판단되는 문신 제거 비용 및 피부질환 치료비용'이나 '성매매로 인한 정신질환의 치료 비용', '알코올중독 및 약물중독의 치료·보호 비용' 등 8개 항목 중에 의료급여법에 따른 급여가 지급되지 않는 의료비용의 전부 또는 일부를 국가 또는 지방자치단체가 지원할 수 있다고 명시되어있다. 실제로 나는 대전시의회 자료에서 피해자 의료비 지원 명목 하에 '피부과 문신제거 시술비' 132만 원을 쓴 내역을 확인한 적이 있다.

여기서 '성매매와 관련된 것으로 판단되는 문신'은 무엇일까. 납치당해서 강제로 당한 문신이 아니라면, 어쨌든 자발적 문신일 수밖에 없다. 즉 성매매와는 관계가 있을 수 없다. 설사 소위 자활을 유도하는 차원이라고 해도 직업 훈련이나 알선을 통해 다른 경제활동을 지원하고, 문신 제거는 스스로의 부담으로 처리하는 게 맞다. 한 가지 중요한 것은 문신제거 비용이나 피부과 시술비나 알코올중독 치료비, 정신과 치료비 등등을 국가가 지원할 때 사실상 여성계의 절대적 관여와 매개 하에 집행될 수밖에 없다는 점이다. 성매매는 불법인데, 성매매 여성은 피해자일 수밖에 없는 이유는 바로 여기서 설명된다.

여성계는 성매매 피해여성 지원으로 톡톡히 재미(?)를 보았다. 여기서 파생되는 사업이 매우 광범위하기 때문이다. 페미들은 이제 아예 대놓고 노르딕 모델[22] 도입을 주장하고 있는데 이렇게 되면 성매매 근절은 별 효과를 보지 못해도 여성계의 사업영역 확장은 훨씬 큰 탄력을 받게 될 것이다.

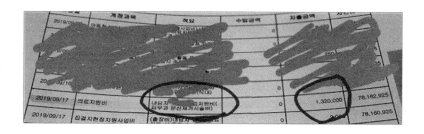

4. 여성 앞에만 서면 작아지는 증거재판주의

K-페미니즘의 가공할 확장 속도는 입법부를 압박해 법령을 도입하고, 행정부를 동원해 사업을 수주하는 수준을 넘어서 최대한 자신들의 입맛에 맞는 재판 결과를 유도하는 수준에 이르고 있다. 이미 우리나라에서는 연인 간의 성관계이건, 그 어떤 폭행 협박이 없는 성관계이건, 피해자의 진술이 일관되기만 하면 곧바로 성범죄로 규정되고 엄중한 처벌을 받는 실정이다. 그럼에도 불구하고 사법부에 대한 여성계의 직간접적 영향력은 계속 확장중이다.

한국여성단체연합은 1997년부터 매년 '세계 여성의 날'에 '성평등 디딤돌상'과 '성평등 걸림돌상'을 시상한다. 정치인들과 법조인은 물론이고 방송인들과 문화예술인들도 여성 권익 증진을 위해 노력했느냐 아니면 오히려 저해하는 활동을 했느냐에 따라 디딤돌상과 걸림돌상을 시상하는 것이다. 성평등 걸림돌상을 수상한 대표적인 인물로는 소설 속에 가부장적 이데올로기를 강조했다는 이문열 작가, 여성정책관실을 폐지한 이명박 당시 서울시장, 성매매 여성들에게 2000만 원씩 지원한다는 지자체의 계획을 혈세낭비라고 비판한 홍준연 구의원 등이 있다. 디딤돌상과 걸림돌상이라는 어처구니 없는 상을 시상하는 한국여성단체연합의 이런 퍼포먼스가 갖는 문제는 바로, 이들이 법관들에게 자기 입맛에 맞는 판결을 강요한다는 것이다.

우리 헌법에서는 공정한 재판을 위하여 사법부의 독립과 법관의 신분 보장을 명시하고 있고, 특히 법관은 외부의 간섭 없이 헌법과 법률에 의하여 양심에 따라 독립하여 심판하여야 한다. 그런데 페미들은 '법정 모니터링'이라면서 수시로 법원을 들락거리며 법관들을 감시하고 무언의 압력을 가한다. 그리고 자신들의 입맛에 맞는 판결을 한 법관에게는 디딤돌상을, 여성의 편을 들어주지 않은 판단을 한 법관에게는 걸림돌상을 시상한다. 재판부로서는 시간이 갈수록 위상이 높아지고 세력이 커지고 있는 페미들의 활동에 위축되고 영향을 받을 수밖에 없다. 즉, 성범죄에서만큼은 법관의 양심에 따른 자유로운 판결은 사실상 어려운 것이다.

여성문제는 일단 유죄추정?

2018년 4월 대법원 판결문에서 처음 등장하고 안희정 미투 사건으로 유명해진 '성인지 감수성'이라는 용어에 대해서는 그 뜻도 쓰임도 모호하고 애매해서 법조계에서도 비판이 많다. 이러한 모호한 개념의 성범죄 사건이 형사재판의 기준으로 될 경우 성범죄 재판에서는 어떤 판사가 담당하느냐에 따라 같은 사건도 결과가 달라질 수 있게 된다. 담당 판사의 성인지 감수성에 대한 자의적 기준에 따라 사건의 판단이 좌우될 수 있다는 것이다.

특히 성인지 감수성은 피해자 진술의 신빙성이 흔들릴 때 전가의 보도처럼 판결문에 등장하는데, 피해자 진술의 신빙성을 구성하는 구체성과 일관성이 흔들린다 하더라도 웬만한 경우는 성인지 감수성으로 해결되는 것이다. 이를 다른 말로 하면 피해자의 진술에는 '토'를 달지 말라는 뜻이 된다.

성범죄의 억울함을 다투는 피고인의 변호인은 다른 사건의 형사절차와 같이 피해자를 증인으로 불러 신문을 하는데, 이 과정에서 피해자의 진술이 구체성이 떨어지거나 앞뒤가 전혀 맞지 않더라도 그 신빙성을 의심하는 것 자체가 일명 '피해자다움'을 강요하는 것이어서 공판절차를 진행하는 법관이 성인지 감수성을 가지고 피해자 진술의 신빙성을 인정해야 한다는 것이다.

유사 이래 인류가 합리적 이성과 상식을 통해 구축해온 형사소송의 대원칙, 무죄추정의 원칙과 증거재판주의와 공판중심주의도 대한

민국 페미들 앞에서는 맥을 못 추리고 형편없이 나가떨어진다. 그 때문일까? 최근에는 성인지 감수성이 넘치는 판사들이 늘어난 것으로 보인다. 성범죄 사건에 대해서는 애초부터 '유죄추정의 원칙'을 적용하고 재판을 진행하는 듯한 일들이 많아지고 있다.

무너지는 죄형법정주의

근대형법은 죄형법정주의를 기본원칙으로 하고 있다. 범죄와 형벌은 반드시 국회에서 제정한 법률에 규정되어야 하고, 죄형법정주의의 확장 개념으로서 관습형법 금지의 원칙, 소급효 금지의 원칙, 명확성의 원칙, 유추해석 금지의 원칙, 적정성의 원칙이 있다.

그런데 최근 성범죄에 대한 판결 분위기는 죄형법정주의에 어긋나고 있다고 보인다. 특히 대부분의 성범죄는 범죄의 구성요건이 형법과 특별법에 명시되어 있는 '고의범'이고, 검사는 엄격한 증명으로 피고인의 유죄를 입증해야 하는데, 오직 피해자의 진술에 의존한 판결의 추세는 같은 행위를 두고도 피해자의 진술과 피해자의 느낌에 따라 가해자의 고의가 달라지는 오류를 범하게 된다. 피해자가 '성적 수치심'이라는 모호한 감정을 느꼈는지 여부에 따라 같은 신체접촉

행위가 어떤 경우는 단순 폭행, 다른 경우는 강제추행이 될 수 있는 것이다. 이 과정에서 검사가 입증해야 할 가해자의 '고의'는 완벽하게 피해자의 진술에 따라 추단(推斷)된다.

확립된 대법원 판례에 따르면 "사물의 성질상 고의와 상당한 관련성이 있는 간접사실을 증명하는 방법에 의하여 입증할 수밖에 없고, 무엇이 상당한 관련성이 있는 간접사실에 해당할 것인가는 정상적인 경험칙에 바탕을 두고 치밀한 관찰력이나 분석력에 의하여 사실의 연결상태를 합리적으로 판단하는 방법에 의하여야 한다."는 법리가 있다. 그러나 이런 판례는 따져볼 것도 없이 피해자에 의해 지목된 가해자는 곧바로 범죄자가 되는 것이다.

5. 강간도 동의받고 하나

법원 판결에 대한 페미니즘의 영향력 확대 경향에서 가장 최근의 사례로 〈비동의 강간죄〉 파문을 들 수 있다.

나는 정의당 류호정 의원이 '비동의 강간죄'를 발의했다는 기사의 제목을 보며 '그럼 동의를 받은 강간죄도 있나?' 하는 의문이 들었다. 내용을 자세히 읽어보니 '비동의 강간죄'라 함은 동의받은 강간과 동의없는 강간을 구별하는 개념이 아니라, 강간죄의 구성요건 자체를 〈폭행 또는 협박〉에서 〈비동의〉로 바꾸겠다는 의미였다.

류 의원은 이 법안을 발의하게 된 배경으로 전국 성폭력 상담소에 접수된 강간 또는 유사강간 상담 사례의 70%가 물리적 폭행이나 협박이 없었다는 통계를 제시했다. 다시 말해 물리적 폭행 없이 이뤄지는 강간의 비중이 무척 높으니, 명시적으로 허락되지 않은 성관계는 모두 강간으로 봐야 한다는 취지다.

그런데 이러한 논리는 전형적인 '순환논증의 오류'에 해당한다. 왜냐하면 여기서 제시된 이른바 70%의 비폭력 성폭행 상담 사례는 실제 유죄 판결을 받은 사례가 아니기 때문이다. 즉 이것은 피해자의 일방적 주장을 바탕으로 한 상담 사례다. 현행법상으로는 폭행 또는 협박이라는 구성요건 요소가 있어야 강간죄를 따질 수 있는데, 위 70%의 상담 사례에서 모두 폭행이나 협박이 없었다는 얘기는 거꾸로 말해 이 70%의 상담 사례는 어차피 재판정에서 유죄 판단을 받을 확률이 거의 없었던 사례라는 말이 된다. 요컨대, 범죄가 아닌 행위를 범죄의 범위에 넣자는 법안을 발의한다고 하면서 그 근거로 제시하는 통계가 범죄가 아닌 사례를 범죄의 일부인 것처럼 묘사하는 꼼수를 부린 것이다.

비동의 강간죄의 발의 배경으로 제시된 통계가 실질적 의미를 가지려면, '전국 성폭력 상담소에서 상담하고 유죄의 판단을 받은 전체 사건(100%) 중에 폭행과 협박이 없는 강간이나 유사강간이 70%에 이른다.'는 전제하에서 나온 통계이어야 한다. 그러나 위 통계는 상담 사례 중 70%가 유죄판결을 받은 것도 아닐 뿐만 아니라, 애초에 상담은 상담일 뿐, 피해자의 일방적 주장이 곧 사실이 되는 것도 아니고, 그 중 얼마나 많은 허위 사례나 무고 사례가 있는지도 전혀 드러나 있지 않다.

결국, 비동의 강간죄 발의는 "폭행이나 협박 없이 강간당했다고 주장하는 사례가 무려 70%인 것을 보니, 폭행 협박 없이도 동의 없는 성관계는 강간으로 처벌받아야 해." "폭행 협박 없이도 동의 없는 성관계는 처벌받아야 하니, 폭행이나 협박 없이 강간당했다고 주장하는 상담 사례 70%는 동의 없는 강간이야."라는 순환논증의 오류, 또는 부당 가정의 오류를 범하고 있는 것이라 할 수 있다.

'비동의 강간죄'가 갖는 또 한 가지 심각한 문제는 애초부터 검사에게 범죄 입증책임이 주어질 필요조차 없다는 점이다. 성적 수치심이라는 용어로 모든 판단을 피해자에게 의존하기 때문이다. 다시 말해 비동의 강간죄로 고소당해 피의자가 된 사람은 성관계의 처음부터 끝까지 상대방의 동의가 명확히 들어있는 음성 녹음을 제시하지 않는 이상 유죄가 된다.

범죄 성립을 좌우하는 '동의' 여부는 피해자의 내면적 심리이며 피해자의 진술로서 결정되기 때문이다. 따라서 어차피 범죄 혐의 입증을 위한 검사의 수사도, 유죄의 선고를 위한 재판도 무용해진다.
현재 우리나라를 지배하고 있는 '성인지 감수성'과 '비동의 강간죄'가 결합하는 순간, 이 세상 모든 성관계는 언제든 '강간'으로 새롭게 정의될 수 있는 슈퍼파워를 갖게 되는 것이다.

여성은 영원한 약자인가?

1. 82년생 김지영, 남편이 더 불쌍하다

영화 〈82년생 김지영〉을 보고 많은 여성들이 눈물을 흘렸다 하고 남성들은 미안한 마음을 가졌다고 한다. 심지어는 많은 정치인들이 경쟁적으로 이 책을 추천하기도 했다. 그러나 1981년생인 필자는 이 상황을 도무지 이해할 수 없었다. 그냥 정서적으로 안정되지 못하고 산후우울증에 시달리며 일시적인 혼란을 겪고 있는 흔한 현대인의 사례 중 하나로 보일 뿐이었다. 다른 한편에서는 오히려 〈82년생 김지영〉이 부럽고, 김지영의 남편이 불쌍하다는 생각마저 들었다.

영화에 나오는 김지영의 삶은 여성으로서 특수한 곤란이 아니다. 삶이 곧 고행인지라, 82년생 김지영뿐만 아니라 82년생 김철수도, 62년생 김숙희도 72년생 김경태도 다들 힘들고 외롭고 어렵다. 사는 것이 그러하다는 것이다.

대학생 시절, 나는 우연한 계기로 모스크바에 간 적이 있었다. 그 곳에서 만난 러시아 여성은 세상에서 한국 여성들이 제일 부럽다고 하였다. 한국 드라마를 보면 젠틀하고 다정한 한국 남편들이 돈 벌어다 주고, 여자는 집에서 아이 키우고 살림하고 쇼핑하고 사는 모습이 나오는데 그게 그렇게 부러울 수가 없다는 얘기였다. 러시아 남자들은 공산주의 특유의 문화가 있어 남녀가 동등하게 노동을 하는 분위기에서 오히려 여성들보다 더 게으르고 책임감도 없다고 했다. 그 때문에 한국인이 하는 회사에 취직해서 일하며 열심히 한국어를 배우고 있다는 금발의 러시아 여성의 말을 들으며 나는 전혀 거부감이 없었다. 실제 내 또래의 우리나라 대부분의 사람들은 그런 가정 속에서 자라왔기 때문이다. 상대적으로 더 가부장적이냐 덜 가부장적이냐 차이가 있었을 뿐, 나와 내 주변의 친구들은 대부분 아빠가 열심히 돈 벌어오고 엄마가 살림을 하면서도 경제적 전권은 엄마가 갖는 가정에서 자랐다. 이와 같은 일종의 임무분담 속에서 자식을 낳아서 키우는 역할을 전담하는 것이 과연 그토록 불편하고 괴로운 일일까?

직장에서 성공해 사회적으로 인정받고 싶고, 아이들도 잘 키우고 싶고, 살림도 전업주부이상 잘하고 싶다는 것은 욕심일 뿐이다. 만약 그 욕심으로 인해 스스로가 괴로움을 느낀다면 한 두 가지 정도는 적절히 조절하고 포기하면 될 일이다. 스스로 '착한 아내', '정성스러운 엄마' 역할을 끝내 놓지 못해서 욕심을 부리느라 직장 일을 소홀히 하게 되거나 그만두게 된다면 그 누구도 탓할 수 없다. 그저 선택의 문제일 뿐이다.

　나는 오히려 김지영이 부러웠다. 무엇이 되었건 주체적으로 삶을 선택할 수 있는 입장에 있었기 때문이다. 대부분의 워킹맘들은 삶의 기로에서 자신을 위한 선택 자체가 불가능한 상황으로 몰리는 경우가 많다. 생계를 위해 어쩔 수 없이 생활전선에 나가고 겨우 겨우 아이들을 키운다. 김지영처럼 뭔가 선택이 가능한 상황이라면, 자기 판단 하에 선택을 하고 그에 따르는 불편함을 감수하면 될 일이다. 그 것이 몸의 불편함이든 마음의 불편함이든. 반대로 남성들이 일을 그만두고 육아를 하고 싶어도 사회 분위기상 이를 실천에 옮기기가 녹록치 않았다는 점에서 오히려 여성보다 선택지가 없었다.

　영화 속 82년생 김지영이 나가서 일을 하고 남편이 집에서 육아를 하는 상황을 원한다면 그렇게 하면 된다. 그에 따르는 여러 불편함, 가령 일반적이지 않아서 감수해야할 사회적 시선 등은 감수하면 되는 것이다. 사회인으로 살아가면서 자신이 선택한 삶에 따르는 여러 책임과 불편함을 모두 제거해달라고 사회에 요구할 수는 없다. 이 당연함을 왜 유독 82년생 김지영에게는 따로 설명을 해야 하는지 나는 모르겠다.

2. 걸스캔두애니띵인데, 여성은 약자?

　82년생 김지영이 지독한 약자로 묘사되는 현실과 관련, 꼭 살펴봐야 할 슬로건이 하나 있다. 걸스캔두애니띵(Girls can do anything. GCDA)이다. 2017년부터 서구에서 유행하기 시작한 #걸스캔두애니띵은 여성은 어떤 일도 해낼 수 있다는 자주성과 주체성을 강조하는 말이다. 우리나라에서도 해시태그 운동부터 아이템과 티셔츠 등 굿즈 제작에 이르기까지 #걸스캔두애니띵은 페미니즘 운동의 상징으로 들불처럼 번져나갔다. 특히 중고생, 대학생들 사이에서 한동안 유행이었다.

　그런데 이상하게도 영미권 페미니스트 진영에서 #걸스캔두애니띵이 확산되는 와중에조차 586세대 중심의 한국 여성운동은 여전히 '여성은 약자'라는 당위에 갇혀 한 발자국도 나아가지 못하는 것으로 보였다. 한쪽에서는 여성들은 뭐든지 할 수 있다고 하는데, 또 한쪽에서는 '여성은 약자'라고 죽어라 외쳐대는 웃지 못할 현상이 빚어진 것이다.

　이 모순적 주장이 의미하는 바는 무엇일까? '걸스캔두애니띵'과

'여성은 약자'라는 주장이 동시에 양립가능 하려면, 페미니스트인 여성계 간부들은 뭐든 할 수 있지만, 나머지 여성들은 이들의 정치적 필요를 위해 여전히 피해자, 약자여야 한다고 보면 된다. 이와 관련 노정태(철학 에세이스트)는 한 기고문에서 이렇게 썼다.

"대상화하는 자는 대상화된 자에 대한 소유권을 주장한다. 소녀상 제작자가 소녀상에 대해 저작권을 주장하며 다른 조각가의 모방을 금하는 현실은 무엇을 뜻할까. 정의연이 일제에 의한 강압적 성적 대상화를 고발한다는 대의명분을 내걸고 위안부 피해자들을 반일 운동의 도구로서 대상화하고 있다고 해석하는 것이 자연스럽다. 위안부 피해자들은 젊은 시절 일제에 의해 성적으로 대상화되었고, 훗날에는 같은 민족에 의해 이념적으로 대상화되고 있었다.

대상화에 저항하는 자는 폭력과 처벌을 당하게 마련이다. 일본에서 위안부의 존재와 피해 사실을 법적으로 확인받은 고 심미자 할머니의 이름이 남산 '기억의 터'에서 배제된 것은 우연이라 보기 어렵다. 정의연이 자신들의 뜻대로 대상화되지 않는 피해자에게 기록말살형을 내린 것은 아닐까. 상당수의 기성 여성주의자들은 운동과 조직을 지키겠다며 피해자의 절규를 외면한다. 여성주의의 이름으로 여성을 대상화하고 있는 것이다."[23]

오히려 페미니스트들에 의해 일반 여성대중은 끊임없는 약자로 규정되고 대상화 됐다는 글쓴이의 주장이 절실하게 다가온다. 걸스캔두애니띵은 한국에서는 사실상 페미캔두애니띵이며, 일반 여성대중은 '운동'이라는 이름하에 행해지는 사실상의 정치에 대상으로 이용되고 소유 당해 왔던 것이다. 따지고 보면 이렇게 운동을 위해 대상화 된 주제는 '여성' 외에도 많다.

5.18과 세월호는 누군가의 정치를 위해 아무리 시간이 흘러도 계속해서 진상 규명이 이루어지면 안 되고, 미국 흑인들은 인종차별 반대를 내세우며 정치하는 자들을 위해 절대로 완전한 인권을 보장받으면 안된다. 운동 명분으로써의 '여성'이 약자이어야 하는 이유는 이런 이치와 같다.

언더도그마(under dogma)에서 벗어나자!

한국의 정치권은 #걸스캔두애니띵이 아니라 여성을 약자로 규정하고 대상화하는 관점에 훨씬 더 익숙하다. 정치권은 여성이라는 성역을 설정하고 각종 법안과 예산을 밀어 주면서 여야를 막론하고 페미들의 약진에 숟가락 얹기 바쁘다. 일단 '여성'이라는 명목이 붙기만 하면 묻지도 따지지도 않는 모습은, 마치 어머니의 잔소리가 듣기 싫은 아버지가 그 내용이 무엇인지도 모른 채 적당히 요구사항을 들어주고 넘어가려는 우리 가정의 흔한 모습과 비슷해 보인다.

이런 정치권의 편승전략 덕분에 이제 우리나라는 '여성 약자'라는 껍데기를 쓰기만 하면 무엇이든 할 수 있는 나라가 되었다. 여성은 약자니까 정말 걸스캔두애니띵, 즉 '여성은 무슨 짓이든 해도 좋다'는 상황이 되어버렸다. 그야말로 약자는 곧 선(善)이라는 완벽한 언더도그마(under dogma)[24]에 빠진 것이다.

〈82년 김지영〉을 보며 내가 느꼈던 불편함의 본질은 바로 이 대목이다. 여성은 약자로서 권리만 있고 의무가 없는 특이한 존재가 되었다. 도대체 누구를 위해, 언제까지 여성은 약자이어야 하는지 묻지 않을 수 없다. 그렇다면 보편 여성은 이 나라에서 어떤 취급을 받는 것인가. 정말 여성이 자유의지와 책임의식을 함께 갖는 온전한 인격으로 대우를 받고 있다고 보는가. 나만 불쾌한가.

3. 진정한 약자를 위한 페미니즘

한국 여성운동은 초기부터 '중산층 여성'들의 이해관계를 대변하는 운동으로 비판 받는 경우가 많았다. 실제 K-페미니즘은 오늘날에도 진정한 약자에 대한 관심이 별로 없다. 언론의 주목을 끌기 쉬운 자극적인 소재에는 매우 신속하지만 정작 도움의 손길이 필요한 취약 계층 여성들은 '여성'이라는 범주 안에서 조차 외면 받는다.

가정환경이 열악하고 교육수준이 낮은 지역사회의 아동, 장애인 관련 사건들은 기득권이 된 페미들의 입장에서는 돈도 안 되고 이슈도 안 되는데, 품만 많이 들어가는 피곤한 분야에 지나지 않다. 따라서 사회적으로 힘없는 여성들이 겪는 곤란과 억울함은 다른 사건들에 비해 주목도가 떨어지거나, 조용히 묻히는 경우가 많다. 가장 보호받아야할 경력단절 여성들과 한부모가정 여성, 이혼 이력이 있는 여성들은 여성계 안에서도 찬밥이다. 이들은 여전히 무시 받고 폭력에 노출되어 있다.

물론 보이지 않는 곳에서 소외된 여성들을 위해 묵묵히 헌신하는 단체와 기관들이 전혀 없는 것은 아니다. 하지만, 내가 지난 몇 년간 옆에서 보고 느낀 여성계의 주류 흐름은 여성단체의 경제 사업을 위한 이념적 장식품 정도로 페미니즘을 활용할 뿐, 본질적으로는 기득권 사수를 위한 폐쇄적 네트워크에 다름 아니었다.

나는 지역의 여성단체들이 친족 내 성폭력에 시달리는 많은 아동들을 위해 노력하는 모습을 본 적이 없다. 엄마가 친족 간 성폭력을 묵인 방조하는 현상은 가정 내 아동학대의 한 형태로 분류되지만 이런 사건들에 대해 페미니스트들이 아이들을 구조하기 위해 적극적으로 헌신하는 모습을 본 적이 없다. 이유는 간단하다. 이런 종류의 사건은 사회적으로 이슈파이팅을 유발해서 예산과 공직을 얻어내는 일에 별로 유용하지가 않고, 동시에 지역 여성단체들은 이런 문제에 있어서 아이들을 상담하고 보호할만한 능력도 없기 때문이다. 실제 도움이 필요한 복지 사각지대의 여성들, 소외되고 낙후된 지역의 가난한 여성들에 대해서는 여성단체 보다는 사회복지사들이 더 적극적으로 연대하는 경우가 많다.

나는 대전시의원 시절 여성단체를 비롯한 수많은 진보 성향 시민단체들의 비위를 직접 보고 느꼈다. 그들, 시민단체 족벌들은 반일주의, 탈원전, 페미니즘 등 다양한 슬로건을 내걸고 있지만, 정치투쟁의 본질은 다르지 않았다.

K-페미니즘은 끊임없이 사회구성원들에게 피해의식을 주입하고 여성 스스로를 피해자로서 정체화 시킨다. 이를 비판하는 사람은 도덕적, 지적 파탄자로 낙인찍는다. 페미니스트 자신들이 자의적으로 설정한 도덕과 금기로 소모적인 논란과 갈등을 유발하고, 노력없는 결과의 평등을 요구하며, 조직을 기반으로 사업체를 형성해 정치권력 확대와 돈벌이 수단으로 이념을 활용하는 일에 주력한다. 정작 여성단체로서 헌신해야 할 분야에는 지극히 소극적이다. 점점 괴물이 되고 있는 K 페미니즘의 패악질, 이제 멈춰야 한다.

3부

민족 페미의 탄생

'민족'으로 무장한 K-페미니즘의 변질과정

나 연 준

민족주의와 페미니즘의 잘못된 만남

정의연 사태 이후 여성계의 위선

민족주의와 페미니즘의 잘못된 만남

1. 자학적 민족주의에 편승한 여성계

　일본군성노예제 문제해결을 위한 정의기억연대(약칭 : 정의연, 정대협의 후신)는 지난 30년간 위안부 운동을 주도했다. 정의연은 위안부 문제를 인권운동이자 평화운동이라 말한다. 그러나 사실 정의연式 위안부 운동은 민족주의와 페미니즘이 결합되고 혼용된 이념운동이라 할 수 있다. 이것은 1990년 한국정신대문제대책협의회(약칭 : 정대협)이 출범할 때부터 뚜렷했다. 정대협 간사, 사무국장, 사무총장, 상임대표를 역임하고 정의연 이사장을 거쳐 국회에 입성한 더불어민주당(약칭 : 민주당) 윤미향 의원은 당시 상황을 이렇게 회고했다.

　“1980년대년대 말부터 매매춘 문제와 일본의 경제력을 앞세운 기생관광 반대 활동을 전개하면서 그 속에서 현재 문제들의 부리에 일본군 '위안부'문제가 있음을 확인하고, 이것을 여성운동의 해결과제로 삼기 시작하였다. 그리고 1990년 11월 16일, 한국교회여성연합회, 한국여성단체연합, 한국여성민우회, 한국여성의전화연합, 전국여대생대표자협의회 등 36개의 여성운동단체들이 모여 한국정신대문제대책협의회(이하 정대협)를 발족시키게 되었다." [25]

여기서 위안부 운동이 시작된 초기 두 가지 특징을 발견할 수 있다. 첫째, 위안부에 주목한 계기가 민족주의와 관련된, 그중에서도 반일주의에서 시작했다. 여성계는 위안부 문제를 여성운동의 새로운 목표로 설정했다. 한국 사회에서 가장 폭발력이 강한 민족주의와 페미니즘의 이념적 결합이었다.

1980년대 NLPDR(민족해방민중민주주의혁명)로 대표되었던 좌파운동의 흐름은 1987년 민주화와 1990년 동구공산권의 몰락을 경험하면서 새로운 전환을 모색할 수밖에 없었다. 혁명의 시대는 끝났기 때문이다. 많은 좌파운동권들은 여성, 환경, 교육, 의료, 인권, 언론, 문화 분야 등의 시민단체를 조직하며 변신을 시도했다. 이 과정에서 위안부 문제는 여성운동과 과거 운동권의 민족주의 경향을 엮어낼 수 있는 키워드였던 것이다.

둘째 위안부 문제에 대한 이념의 과잉이다. 위안부 문제는 필연적으로 역사논쟁을 유발할 수밖에 없다. 대단히 예민하게 다루어야할 문제임에도 불구하고 이들은 출발에서부터 역사적 개념을 혼동했다.

정신대(挺身隊)와 위안부(慰安婦)는 완전히 다른 개념이다. 정신대는 조선여자근로정신대(朝鮮女子勤勞挺身隊)의 약칭으로 식민지 말기 부족한 남성 노동력을 보충하기 위해 공장에 종사한 여성을 지칭한다. 반면 위안부(慰安婦)는 '일본군 위안부'가 정식 명칭으로 다양한 경로를 통해 모집되어 군인의 성적 욕구의 대상이 된 여성들을 말한다. 지난 30년 '위안부 문제'를 둘러싼 논의는 모집과정과 위안소 생활에 있어서 강제성, 당시 국가권력의 책임여부, 위안부에 대한 일본정부의 사과와 배상의 적정성 등을 두고 이루어지고 있는 중이다.

그런데 위 인용문에 따르면 여성계는 기생관광의 뿌리로 일본군 위안부를 지목했고, 현재 정의연은 그 위안부를 '성노예'라고 규정하고 있다.

이런 논리로 보게 되면 1980년대 기생관광 종사자와 일본군 위안부, 그리고 '성노예'가 결국 같은 맥락에 놓이게 된다. 기생관광은 매춘업이다. 그렇다면 위안부는 매춘업 종사자란 말인가?

2019년 연세대 류석춘 교수는 위안부에 대해 '자의반 타의반으로 어쩔 수 없이 선택한 매춘의 일종'이라는 입장을 밝혔다가, 언론과 여성계로부터 난타 당했다.[26] 그런데 이런 맥락에 따르면 류석춘 교수의 입장과 정대협 출범 시기 위안부에 대한 인식이 크게 다르지도 않다. 지금 여성계는 자신의 과거 입장을 오늘의 자신이 비난하는 꼴이다.

위안부 문제를 바라보는 관점에는 여러 입장이 있을 수 있다. 예컨대 서울대 이영훈 교수는 취업사기로 위안부가 된 경우는 국가권력과 업주, 가부장적 사회가 가담한 범죄로서 "그 시대 고유의 역사적이며 문화적인 현상"이기 때문에 국가범죄라고만 접근할 수 없다고 본다.[27] 반면 위안부 운동단체들은 국가권력이 주도하여 '성노예'를 양산한 국가적이고 조직적인 범죄로 규정하고, 일본정부의 배상과 사과를 요구하고 있다. 어떤 입장이 맞는가는 여전히 학술적으로 논쟁해야 하는 부분이다.

그러나 이를 주도했던 여성계의 태도에 지적할 부분이 있다. 애초에 이들은 근로정신대와 위안부를 혼용하였고, 기생관광과 위안부의 차이도 구분하지 않았다. 그래놓고 최근에는 위안부를 다시 '성노예'라고 말하고 있다. 이것은 민족주의의 과잉이다. 더 정확하게 말하자면 '자학적 민족주의'를 강화하는 방식으로 위안부를 정체화하고 있는 것이다.

　자학적 민족주의는 위안부 운동이 성공적으로 성장할 수 있었던 동력을 제공했다. 한국 민족주의 담론의 욕망에 적중했기 때문이다. 식민지 트라우마가 각인된 이른바 '민주화'세력은 민족의 고난을 최대한 비극적으로 재현하고자하는 욕망을 갖고 있다. 예컨대 재야 지식인이었던 함석헌은 민족의 역사를 이렇게 표현하고 있다.

> "나는 우리 민족을 세계의 큰 길가에 앉은 늙은 갈보라 본다. 한 민족(漢民族)이 먼저 더럽히고, 그 다음 몽고 민족이 더럽히고, 만주·일본·러시아·영국·미국이 차례차례로 이 아시아의 꽃동산 지기 처녀를 윤간했다. 우리가 우리 역사를 읽다가 그 책을 찢고 싶어지는 것은 이 때문이다."[28]

　5·18 수배자였던 윤한봉은 '민족의 아픔'에 대해 격하게 비유한 바 있다.

> "왜놈들에 윤간당해 대들보에 목매달고 되놈에게 강간당해 혀 깨물고 자결하고 양놈에게 능욕당해 우물 속에 뛰어들던 어머님 을 제가 어찌 잊겠습니까 (중략) 앓아 누운 지아비의 눈치보며

빠져나와 이 집 저 집 구걸하다 개에 물려 절뚝인 채 보리쌀 한 되에 옷을 벗고 이 악물던 어머님을 제가 어찌 잊겠습니까."[29]

위 인용문은 식민지 경험을 최대한 비극적으로 재현하고자하는 민족주의적 욕망을 날 것으로 보여준다. 위안부 문제에 대한 인식 역시 이러한 자장(磁場)에서 자유롭지 못하며, 오히려 극단이라 볼 수 있다. 위안부는 '강간'과 같은 절대적 비극의 맥락 위에서 발화되어야 한다. '성노예'라는 호명이 이를 단적으로 보여준다고 할 수 있다.

문제는 한국 사회의 자학적 민족주의 역사서사가 다양한 역사 해석을 거부하고 저해하며, 특정한 역사적 사건을 하나의 금기로 만들어 간다는 것이다. 하버드대 한국학 연구소 소장을 십여 년간 역임했고 학계에도 잘 알려진 카터 에커트(Carter J. Eckert) 교수는 한국 지적 풍토를 이렇게 지적했다.

"민족주의 패러다임은 한국의 지적 삶을 너무나 깊이 지배하고 있기 때문에 여타의 가능한 역사 해석 방식을 모두 어지럽히고 포섭하며 또는 실제로 말살시켰다. 사회단체와 계급, 정치적, 문화적인 운동, 정부나 여타 기관, 개별 인물, 소설, 시, 영화, 학문, 심지어 사상 자체에 이르기까지 모든 주제가 근시안적인 민족주의적 렌즈를 통해 조사된다."

"이렇게 해서 가치가 매겨지고 유죄 판결이 내려지고 영웅과 매국노, 희생양, 가해자들이 지명된다. 그것은 역사가뿐만 아니라 역사적 사실들까지도 통과해야 하는 협소하고 용서 없는 문이다. 감히 민족주의적 틀 자체의 적절성이나 정당성에 도전하는 역사 해석은 물론이고, 그 틀 바깥에 있는 역사 해석은 어느 것이나 증거에 관계없이 사소한 것으로 무시되거나 도덕적으로 결함이 있는 것으로 징벌 받는 일이 빈번하였다."[30]

한국 사회에서 민족주의는 사실을 수집하는 렌즈이자 사실을 단죄하는 망치였다. 위안부 문제에 대한 편향된 사실의 수집과 인식의 강요, 다른 해석에 대한 거부, 나아가 도덕적 징벌 등의 행태가 켜켜이 쌓여갔다. 여성계는 위안부 운동을 통해 자학적 민족주의에 편승했고 마침내 그 운동을 하나의 성역(聖域)으로 구축하는데 성공했다.

2. 위안부서사는 어떻게 만들어지는가

위안부 운동은 이념적으로 민족주의와 페미니즘의 결합으로, 이는 〈위안부서사〉를 통해 구체화되어 대중에게 전달되었다. 위안부서사의 기본구조는 순결한 조선의 처녀가 '성노예'로 끌려갔다는 비극, 긴 세월이 지난 후 자신의 상처를 직시하는 각성, 그리고 각성한 위안부가 일본정부를 상대로 투쟁하고, 마침내 투쟁에서 승리하여 배상과 사과를 받아내는 승리로 이어진다. 즉 위안부서사는 '고난-각성-투쟁-승리'의 도식이다.

위안부서사는 강한 흡입력이 있다. 첫째 한국 사회에 만연한 반일적 민족주의와 '성노예'라는 비극의 결합이다. 민족주의가 한국 사회의 일반적 정서라면, '성노예'는 일종의 도화선처럼 여기에 불을 당기는 폭발력이 있다. 둘째 '고난-각성-투쟁-승리'의 도식은 대중이 친숙해하면서도 갈망하는 서사다. 영화와 드라마를 비롯한 대중문화에서 자주 등장하는 서사 구조다. 따라서 위안부서사는 한국 사회의 일반적 감수성을 자극하면서 동시에 친숙한 욕망을 내포하고 있다. 이것이 위안부서사의 힘이다.

우선 대중문화 속에서 위안부서사가 어떻게 재현되는지를 살펴보자. 먼저 고난은 최대한 비극적으로 묘사되었다. 영화 〈귀향〉시리즈는 14~16세 소녀들이 위안부로 가는 여정과 위안소 생활을 다루고 있다. 이들은 대개 '취업사기'로 위안부가 되었으며, 경우에 따라 총칼을 든 일본군에 의해 납치된 것처럼 묘사되기도 한다. 그러나 실제로 총칼과 같은 무력을 사용하여 납치한 경우는 찾기 힘들다. 취업사기는 위안부가 되는 과정에 있었던 여러 사례에서 확인된다. 자발적으로 위안부가 된 경우도 있다. 예컨대 배춘희는 위안부 모집 광고를 보고 직접 대구의 직업소개소를 거쳐 위안부가 되었다고 증언하고 있다.[31]

따라서 영화는 가장 비극적 사례를 부조(浮彫)하는 전략을 사용하고 있는 것이다. 영화 후반부에 위안소를 탈출하다 붙잡힌 소녀가 총살당하는 장면을 통해 비극을 극대화한다.

〈귀향〉이 위안부로서 고난을 다루고 있다면, 영화 〈아이 캔 스피크〉(2017)는 각성과 투쟁에 대한 서사다. 영화는 2007년 연방하원에서 통과된 '위안부 결의안(HR 121)' 공청회에 위안부 이용수가 참가해 증언하는 과정을 모티브로 삼았다. 영화 주인공 '옥분'(나문희)은 '증언'을 위해 9급 공무원 '민재'(이제훈)에게 영어를 배우고, 시민들의 도움으로 참가 자격을 얻는다. 이 과정에서 평범한 사람들의 연대가 낭만적으로 그려진다. 영화 〈허스토리(Herstory)〉(2017) 역시 비슷한 질감으로 이야기를 끌어간다.

물론 영화처럼 위안부 운동가의 자기 정체성을 갖고 투사로 살아왔던 위안부도 있다. 2020년 5월 위안부 이용수는 정의연의 비리를 폭로하는 기자회견에서 스스로를 '여성인권운동가'라고 정체화 하면서 자신에게 '장하다'는 표현을 몇 차례 썼다.[32] 이용수와 더불어 위안부 김복동 역시 투사의 삶을 살았다고 평가 받았다. 2019년 김복동이 사망하자 당시 윤미향은 "김 할머니는 생전 함께 인권·평화 운동을 했던 활동가들이 지켜보는 가운데 생전의 고귀하고 아름다운 모습으로 떠나셨다."면서, "마지막으로는 일본을 향해 절규에 가까울 정도로, 그 어느 때보다도 강한 분노를 표출하셨다."고 밝혔다(이것은 윤미향의 '전언(傳言)'이다).[33]

그런데 모든 위안부가 투사로 산 것은 아니다. 사실 그럴 필요도 없다. 각자의 사정에 따라 일본의 배상을 받을 수도 있고, 위안부 운동에 동의하지 않을 수도 있고 나아가 비판할 수도 있다. 이것은 각자가 자신의 삶을 선택할 수 있는 자유의 영역이기 때문이다. 위에서 언급한 배춘희의 증언에 따르면 함께 '나눔의 집'에서 생활하는 일부 위안부들은 위안부 재판에서 이기면 일본으로부터 20억 정도는 받아야 한다고 다짐하고 있었다.[34] 〈아이 캔 스피크〉의 주인공 위안부 '옥분'은 일본인에게 '더러운 돈 필요없다.'고 했지만, 살아있는 위안부에게 돈은 보상의 중요한 척도였다.

이처럼 위안부서사는 운동단체들이 실제 위안부의 삶을 자기 욕망에 따라 가공한 것이기도 하다. 서사는 한편으로 비극성을 강조하면서 다른 한편으로 위안부의 각성과 투쟁을 부각하는 방식으로 굳어져 왔다. 즉 대중에게 매력적인 서사로서 위안부 운동의 강력한 상징자본이 되었다. 여기서 생기는 의문은 이와 같은 서사가 얼마나 사실과 부합하느냐다.

위안부 운동은 1991년 위안부 김학순의 증언으로 촉발되었다. 이후 상당수의 증언이 축적되면서 위안부 연구자료로 활용되고 있다. 증언, 즉 구술은 사료로서 나름의 장점이 있다. 문헌자료가 잘 닦인 도로라면, 구술은 오솔길이다. 연구자는 구술을 통해 날 것의 정보를 얻을 수도 있다. 예컨대 구술자의 성격, 인간관계, 사건의 뒷이야기, 당시의 미묘한 분위기 등이 여기에 해당한다.

위안부 문제와 같은 민감한 주제를 제외하더라도 구술은 1970년대 여공(공장에서 일하는 여성 근로자)과 새마을운동 참가자, 민주화운동 및 노동운동 등의 연구방법론에서 적극 활용되고 있다. 그러나 구술은 연구 분야를 막론하고 조사 과정에서 세심하게 다루어야 할 필요가 있다. 문헌이 연구자에게 객관적으로 주어진 자료인데 비해, 구술은 구술자와 연구원의 주관이 개입되어 '만들어진' 자료이기 때문이다. 구술은 기억에 의존한다. 기억은 망각되거나 선택적으로 왜곡될 수 있다. 또한 구술자의 현재적 위치에 따라, 언어의 표현이나 전달에 따라 기억은 가공된 형태로 연구자에게 전달될 위험도 있다.

예컨대 현재 노동운동진영의 특정 분파에 속한 사람이 다른 분파의 과거 활동에 대해 '진정성' 있는 진술을 할 수 있을까? 물론 그럴 수도 있고 아닐 수도 있다. 그러나 아닐 수 있는 가능성 때문에 연구자는 구술에 대해 거리두기를 해야 한다. 기억을 끄집어내기 위해 대화를 주고받는 과정에서 구술자는 연구자가 원하는 바를 인지하고 그에 걸맞는 대답을 해주면서 '보답'하기도 한다. 또한 구술자에 따라 반복되는 동일한 질문에 다르게 답할 수도 있으며, 같은 구술이라도 구술 앞뒤 내용이 모순되는 경우도 있다. 물론 구술 자료를 전부 쓰레기 취급해야하는 것은 아니다. 구술의 신뢰성에 대해 고민해야 한다는 것이다. 신뢰도는 적확한 질문을 할 수 있는 연구자의 역량, 구술자의 개인적·집단적 성향, 구술자의 과거와 현재의 이해관계, 진술의 일관성, 문헌자료 및 다른 구술과 교차검증 등 수 많은 요소에 의해 결정되기 때문에 조심스럽게 다루어져야 한다.

불편한 이야기를 해보자. 위안부 이용수의 증언은 조금씩 바뀌었다. 위안부가 되었던 시기와 과정을 묘사하는 진술이 증언 시기에 따라 달랐다. 1993년 『증언집 1 - 강제로 끌려 간 조선인 군위안부들』에 따르면 이용수는 1944년 열여섯의 나이로 친구를 따라 한 일본 남성을 만났고, 그가 보여준 빨간 원피스와 가죽 구두에 이끌려 따라갔다고 한다. 그런데 1990년대 후반부터 증언이 달라지기 시작했다. 연행 시기는 1942년부터 1944년을 오락가락했고, 연행 과정도 자다가 일본군에 끌려갔다거나 그 주체도 '군복같은 옷을 입은 남자'로 바뀌었다. 그리고 위안부로 생활했던 기간 역시 10개월에서 2~3년으로 늘었다.[35]

동일한 사건에 대한 동일한 인물의 진술이 상호 모순된다면 우리는 그 중 어느 진술을 선택할 수 있는가. 선택의 기준은 무엇인가. 혹시 더 비극적인 진술을 선택해야 한다고 믿는가. 그렇다면 그것은 역사가 아니다. 우리가 이러한 질문을 스스로에게 던져야 한다. 이것은 '실증주의 이데올로기'가 아니라, 연구자의 당연한 태도이다. 기록을 갖지 못한 사람들의 이야기에 귀를 기울이는 인간적 덕목과 그 증언이 얼마나 신뢰할 수 있는 것인가를 따지는 연구자의 덕목은 반드시 일치하지 않는다.

위안부 운동의 문제는 이 두 가지의 덕목을 교묘하게 섞어버리고 있다는 점이다. 이들은 위안부 증언을 그 자체로 '사실'이라고 확정한다. 심지어 힘없는 자의 증언을 앞세우고 여기에 일말의 회의를 품은 자에게 이런저런 낙인을 찍어버린다. 이 때 위안부서사는 낙인 효과를 극대화시킨다. 질문자를 친일파로 매도하고, '순결한 소녀'의 고난에 둔감한 부도덕한 인간으로 치부한다. 위안부서사를 사실이라고 믿고 이에 의문을 표하면 응징해야 한다. 위안부 운동은 이것을 '윤리'로 만들어 버렸다. 나아가 위안부를 '대변'하는 특정 시민단체를 응원하고 지원해야 한다고 노골적으로 공언한다. 이처럼 위안부서사는 점점 금기가 되고 성역이 되고 권력이 되고 돈이 되었다.

위안부 문제가 아무리 중요하다고 해도, 인류가 성취해온 합리적 이성과 표현의 자유보다는 중요하지 않다. 그래서 우리는 묻고 검증하고 논쟁해야 한다. 서사를 신화로 만드는 행태에 제동을 걸어야 한다. 위안부는 역사의 한 사건이다. 모든 역사적 서술이 그러하듯 반박의 가능성을 내포한다. 그러나 유독 위안부 문제만 이 당연한 상식을 벗어난다.

비극의 역사적 진위여부를 살피는 것을 금기시하면서도, 비극이 극단적으로 발화되기를 원하는 분위기도 문제다. 자학적 민족주의의 욕망을 자극할수록 사회적 위상과 수입이 늘어가는 곳은 따로 있다.

현재 대한민국에 살고 있는 여학생이 위안부를 만나는 공간 중 하나가 '나눔의 집'이다. '나눔의 집'은 2020년 현재 논란의 한복판에 있다. 민관합동조사 결과에 따르면 '나눔의 집'은 2015년부터 2019년까지 약 88억원을 후원금으로 모집했는데, 전체 후원금 중 양로시설로 보낸 금액은 2억원에 불과했으며 이마저도 할머니들을 위한 직접 경비가 아닌 시설 운영을 위한 간접 경비로 사용했다. 또한 시설 간병인이 "할머니, 갖다 버린다." "혼나봐야 한다." 등 언어폭력을 가했다는 학대 정황까지 나왔다.[36] 2014년 위안부 배춘희는 위안부 단체의 문제점을 알고 있었다. 그녀의 증언 몇 대목을 옮겨보자.

> "정대협도, 윤미향 그런 …장사 어디 가서 할끼라(할거야)."
> "위안부 핑계 대고 뭐 어떻게 뭐 …일본에서도 몇 십억씩 뭐, 정대협에 부쳐주고."
> "'나눔의 집'은 '나눔의 집'대로 할매들 얼굴 팔아가지고, 그래가지고 돈벌지."
> "위안부 할매들을 얍삽하게 보고 장사해처먹는 기라…(둘 다) 똑같아."[37]

3. 소녀상이라는 '토템'

'평화의 소녀상'이 전국에 130여 개가 있다. 한국 근현대 인물 중 이렇게 많은 동상이 세워진 전례는 이승복을 제외하면 찾기 힘들 것이다. 근대 국민국가의 기념물은 국가의 정체성을 환기시키는 목적으로 건립된다. 그래서 동상은 국가의 건설과 발전의 공로자나 전쟁 영웅이 많다. 하지만 소녀상은 그렇지 않다. 이것은 억울한 피해자 동상이다. 한 두 개도 아니고 무려 130여 개가 있다. 대한민국의 국시(國是)가 비극과 한(恨)이란 말인가.

근대 이후의 지성사적 관점에서 볼 때, 소녀상에 대한 숭배열은 이해하기 힘들다. 시민들이 소녀상 발아래 간식을 놓아두고 철마다 옷을 갈아입히고 비가 오면 우산을 씌워준다. 소녀상 앞에 절을 하거나 심지어 경찰이 순찰을 돌며 소녀상을 지켜주는 경우까지 있다. 어떤 대학생들은 수요집회 장소를 지킨다는 명분으로 소녀상에 몸을 묶기도 했고 청년 20여 명은 한일 위안부 합의 파기와 재협상을 요구하는 전국 소녀상 순례에 나서 부산을 시작으로 서울까지 16박 17일 동안 820㎞를 걸었다.[38] 부산시의회는 불법적으로 설치된 소녀상에 부과할 점용료를 감면하기 위한 조례 의결을 앞두고 있다.[39]

2017년 8월 14일 서울 동아운수 151번 버스 5대가 소녀상을 태우고 운행한 적도 있다. 현장에 방문한 박원순 당시 서울시장은 소녀상을 보고 "아이구 맨발이네."라는 말과 함께 손등을 쓰다듬었다.[40]

소녀상처럼 호사(?)를 누린 동상이 있었던가. 버스 타면서 관람의 배려(?)를 받은 동상을 본 적이 있는가. 살아있는 인간으로부터 순례를 받아본 동상이 있는가. 어떤 형상물을 통해 특정한 서사를 강요하고 숭배하는 것은, 그 자체로 반지성적이고 전근대적 현상이 아닐 수 없다. 하지만 21세기의 대한민국은 가히 토테미즘[41]을 연상 시키는 이러한 행태를 노골적으로 반복하고 있다.

그 결과는 살아있는 위안부의 실존보다 그것의 물화(物化)인 소녀상이 더 대접받는 웃지 못 할 현실이다. 소녀상이 목도리와 우비를 둘렀을 때 살아있는 '이용수'는 온수매트 한 장이 없었다고 한다.

침묵의 선동가, 부동(不動)의 조직가

소녀상 숭배열은 그것이 갖고 있는 익명성에서 기인한 바가 크다. 우리는 구체적 개인의 동상을 세울 수 있다. 예컨대 이승만, 박정희, 김대중, 노무현 등 전직대통령 동상을 건립했다고 가정해보자. 우리는 동상의 유무와 관계없이 이들에 대한 공과를 논할 수 있다. 구체적 개인이기 때문에 행적을 알고 있고 각자의 기준에 따라 평가와 해석을 할 수 있다.

반면 소녀상은 위안부 개인을 기리는 것이 아니라 위안부서사에 대한 물화(物化)이다. 소녀상은 이미지화된 익명의 존재이기 때문에 소녀상에 위안부 개인의 실존을 담기는 어렵고 그 빈 공간을 자연스럽게 위안부서사가 차지하게 된다. 즉 동상을 마주하는 사람은 위안부 개인의 실존적 삶보다는 사회적으로 작성된 위안부서사를 떠올릴 수밖에 없다. 즉 소녀상은 서사를 재현(再現)시키는 장치가 된다. 소녀상은 위안부서사의 물화이자 재현인 것이다. 정의연 이나영 이사장은 본인의 의도와 달리 소녀상의 기능을 아주 잘 설명했다.

"소녀상 옆자리 빈 의자에 가만히 앉아 보시라. 두 손 불끈 쥐고
발꿈치를 땅에 닿지 못한 소녀의 뒤에, 가슴에 희망 나비 한 마

리 품고 스러져가는 할머니 그림자를 응시해 보시라. 식민지 위
안소의 생존자가 할머니가 되어서야, 아니 죽어서야 비로소 최
소한의 공감능력을 가진 청중을 만난 심정을 느껴 보시라. 만일
울림이 있어, 단단한 가슴을 싸고 있는 껍질이 소리 내어 깨지는
순간이 오면, 터져 나오는 울음에 오장육부를 마음껏 적셔 보시
라. 책상에 앉아 손가락으로 익힌 '우리'의 재주가 얼마나 얄팍
한 것이며 기만적인 것인지 스스로 깨닫게 될 것이다."[42]

동상이라는 매개체를 통해 비극적 위안부서사에 몰입하고 그 '한(
恨)'에 감응하여 마침내 오장육부를 눈물로 적셔야 한다는 주문이다.
바로 이것이 소녀상의 주된 기능이다. 기껏해야 중학교에 갓 입학한
정도로 보이는 앳된 얼굴의 소녀가 '성노예'로 끌려갔다는 비극, 그
비극을 지속적으로 재현하여 대중에게 위안부서사를 각인한다. 정서
적 몰입이 완료되면 논리적 비판은 별다른 힘을 쓰지 못한다. 오히려
반발을 불러일으킨다.

그 결과 위안부에 대한 다른 해석과 연구는 '지적 폭력'으로 취급
받고 비극에 공감하지 못하는 부도덕함, 나아가 '친일'이나 '토착왜
구'로 낙인찍힌다. 운동에 대한 비판을 침묵시키는 것, 이를 위한 사
회적 분위기를 만들어내고 지속시키는 것, 그리하여 운동의 권위를

확보하는 것, 이것이 소녀상의 임무이다. 그래서 소녀상은 침묵의 선동가이며 부동(不動)의 조직가다.

소녀상, 기억과 망각의 사이

소녀상이 위안부서사의 물화이자 재현이기 때문에 내가 걱정하는 소녀상의 역효과가 있다. 소녀상은 얼핏 보기엔 위안부 할머니들을 위한 것으로 보이지만 역설적으로 살아있는 위안부 개인 개인의 실존을 위안부서사에 묶어버리는 결과를 초래할 위험이 있다.

생각해보자. 우리는 위안부라고 하면 모든 사람들이 일본에 대해 한 치의 물러섬 없는 강경한 투쟁을 원한다고 생각할 수 있다. 물론 어떤 위안부는 실제로 일본의 사과와 배상을 요구하며 평생을 '투사'로 살기도 했다.

하지만, 앞서 언급했듯이 한일 양국에서 조성된 기금을 수령하고 여생을 보내고 싶다거나, 위안부 시절이 빨리 잊혀지기를 원하는 또 다른 사람들이 있을 수 있다. 선택은 위안부 당사자와 가족의 몫이다. 그래서 우리는 절대로 수많은 위안부의 실존을 단일한 위안부서사에 가두지 말아야한다. 강요된 기억은 또 다른 망각이기 때문이다.

현재까지 한국 사회는 위안부서사에 기반인 인식과 실천이 '올바른 것'으로 인정하고 있다. 그러나 서사에 몰입하는 것이 위안부 문제를 바라보는 적합한 태도인지에 대해 회의할 필요가 있다.

나는 서사의 외부를 봐야한다고 믿는다. '위안부서사란 무엇인가'에서 '서사는 어떻게 만들어지는가'로 논점을 이동해야 한다. 앞서 살펴보았듯이 위안부서사는 '성노예'라는 비극, 자학적 민족주의, 구술이라는 연구방법론 등을 결합시켜 획일적인 위안부서사를 생산해 냈다. 2020년 5월 정의연 사태는 위안부의 실존과 우리의 머릿속을 오랫동안 지배해 온 바로 그 위안부서사 사이에 상당한 간극이 있었다는 점을 대중적으로 환기시켜준 사건이었다.

정의연 사태 이후 여성계의 위선[43]

1. 이상한 피해자 중심주의

　성폭력 의혹이 일어나면, 여성계는 항상 '피해자의 말이 곧 증거'라는 구호를 앞세우곤 한다. 여기에 의문이나 반론을 제기하면 '백래시'[44], '2차 가해' 같은 낙인을 찍어 반론자의 입을 틀어막았다. 즉 '피해자 중심주의'는 페미니즘이 휘두르는 전가의 보도였다.

　위안부 운동 역시 크게 다르지 않았다. 피해자인 위안부의 증언과 기억에 절대적 가치를 부여하는 방식으로 운동 자체를 성역화 했다. 비판적 입장들에 대해서는 '여성혐오', '역사수정주의'라는 딱지를 붙여 여론재판에 내던졌다. 이 모든 획일적 흐름의 저변에 '피해 당사자를 대변한다'는 명분이 깔려 있었다. 그러나 지금 생각해보건대 정작 피해 당사자의 다양한 욕구와 목소리를 억누른 것은 오히려 민족과 페미를 결합시킨 그들이었다.

위안부가 거부했던 용어, 성노예

우리는 위안부 운동의 흐름 속에서 '그녀들'의 이름이 '정신대'에서 '위안부'로, '위안부'에서 '성노예'로 바뀌어 왔던 맥락을 짚어볼 필요가 있다. '호명'은 인식과 실천의 집약 즉 지식권력의 산물이기 때문이다.

정대협 출범 당시 '피해자'들은 위안부라는 용어에 거부감을 느꼈다고 한다.[45] 그런데 위안부가 모멸감을 주는 명칭이라면, '성노예'라는 명칭은 더욱 문제가 아닐 수 없다.

위안부 출신 여성들은 성노예라는 단어를 불편해했다. 2018년 정대협의 후신인 정의연이 결성되면서, 정신대라는 용어를 단체명에서 삭제하는 대신 위안부가 아니라 성노예(sexual slavery)를 단체명에 채택한다. 정의연의 공식 명칭은 〈일본군성노예제 문제해결을 위한 정의기억연대〉이다.

이용수는 이에 대해 강한 거부감을 표했다. 그는 "내가 왜 성노예냐."라며 "(정의연에) '그 더러운 성노예 소리를 왜 하냐'하니까 '미국에 들으라고, 미국사람들 겁내라고'하더라. 말도 안 되는 소리."라고 했다.

왜 정의연은 피해자가 싫어하는 '성노예'라는 명칭을 고집했을까? '미국에 들으라고..'라는 말에서 알 수 있듯이 언어가 주는 비극성을 극대화시켜 외부의 관심과 지지를 좀 더 쉽게 유도하기 위함으로 추정된다. 즉 피해자의 주관적 감정 보다는 운동 목적을 중시하는 특이한(?) 피해자 중심주의였다는 뜻이다.

이들의 피해자 중심주의는 아무리 피해자라 해도 자신들과 관계가 나빠진 피해 당사자는 과감히 배제하기도 했다. 2004년 한국정신대문제대책협의회를 '악당'으로 부르며 비판한 위안부 피해자 고(故) 심미자(2008년 작고)의 이름은 남산 '기억의 터'에 새겨진 피해자 명단에는 없는 것으로 확인됐다.[46] 무궁화회 회장이었던 심미자는 2004년 11월 일본 최고재판소에서 처음으로 '일본군 위안부'임을 인정받은 피해자였다. 더 극악한 사건도 있었다. 1997년 정대협은 '아시아여성기금'을 받으려는 위안부 출신 여성에게 "아시아여성기금을 받는다면 자원해 나간 공창(公娼)이 되는 것."이라고 비난했다.

선택적 피해자 중심주의의 기만

우리의 기억에는 2020년 이용수의 기자회견이 매우 크게 남아있지만, 위안부 단체에 대해 부정적 입장을 제기하는 피해 당사자는 2004년부터 존재했다. 2004년 33인의 위안부로 구성된 무궁화회는 정대협(정의연의 전신)의 위안부 운동을 "피해자들의 인권회복과는 정반대의 길을 달려왔다는 것이며 다른 하나는 정대협 관계자들이 위안부 문제를 빌미로 자신들의 부귀영화를 누리고 있다."고 비판했다. 무궁화회는 정대협을 "언제 죽을지 모르는 위안부 할머니들을 역사의 무대에 앵벌이로 팔아 배를 불려온 악당."이라고 까지 몰아붙였다.[47]

특히 2020년 이용수의 기자회견과 연이은 언론의 문제제기는 사회적으로 큰 반향을 일으켰다. 2020년 5월 7일 이용수는 기자회견을 통해 "(정의연)그들이 일본의 사죄·배상을 막았다.", "이용해 먹었다.", "자기(윤미향)가 사리사욕 챙겨서 맘대로 국회의원도 나갔다.", "속이고 이용하고 재주는 곰이 하고 돈은 그 사람이 받아먹었다. 30년 동안 재주를 넘었다."[48]라고 분노를 표현했다.

또한 6월 6일에는 "위안부 문제를 해결한다며 한쪽 눈을 실명한

김복동 할머니를 끌고 온 데를 다녔다.", "언니들 나는 끝끝내 이 원수를 갚겠다.", 윤미향에 대해서는 "죄를 지었으면 죄(벌)를 받아야 한다."고 까지 질타했다.[49]

이용수의 비판에 대한 여성계의 대응은 인신공격에 가까웠다. 2020년 이용수가 기자회견을 통해 정의연 해체를 주장하자 일제히 이용수의 '기억'을 문제 삼았다. 할머니의 기억이 '왜곡'됐다거나 동네 노인의 '변덕'쯤으로 취급했다. 어제까지 '투사'로 대접하던 이용수를 오늘은 기억이 가물가물한 '노친네'로 취급한 것이다.

위안부 운동 연구자들 역시 다르지 않았다. 과거 그들은 위안부의 증언과 기억에 절대적 가치를 부여하고 운동 자체를 '성역화'했다. 그러나 이용수의 폭로 이후 일부 위안부 연구자들은 피해자 중심주의에 이런저런 주석을 달아가며 스스로 '수정주의'의 길을 가고 있다. 한 연구자는 피해자 중심주의가 '피해자 성역화'는 아니라고 주장했다. 다른 연구자 역시 피해자가 다양한 욕망의 주체라는 것을 인정하면서 성역화를 경계하자고 했다. 또한 어떤 페미니스트에 따르면 "할머니의 말을 자구대로 잘 들어주는 것", "피해자가 하자는 대로 다 해주는 것"은 피해자 중심주의에 대한 '오해'란다.

하지만 누구나 알듯이 피해자 성역화는 위안부 운동 그 자체였다. 최근 한겨레신문 인터뷰에서 현재 위안부 운동에 비판적 입장을 취한 연구자 두 명이 익명으로 입장을 밝혔다.[50] 연구자가 연구대상을 실명으로 비판하지 못하는 분위기, 이것이야말로 위안부 운동이 성역이라는 반증이다. 다른 연구 분야에서 흔치 않은 일이다.

어떤 연구자는 피해자 중심주의는 피해자의 대상화가 아닌 주체화라고 강변했다. 옳은 말이다. 그런데 전국에 130여개 소녀상을 보자. 이것이야말로 가장 노골적이고 적극적인 대상화가 아닌가. 십대 초반 소녀의 무표정한 얼굴이야말로 '순결한 소녀가 성노예로 전락했다.'는 위안부서사를 시각적으로 정형화하는 작업이자, 수많은 위안부의 실존을 단일한 서사에 포획하는 장치다.

그녀는 1998년부터 2001년까지 '일본군성노예 전범 여성 국제법정'을 준비하기 위해 많은 증언을 수집했다고 했다. 그녀는 증언을 취합하는 과정에서 필요한 연구자의 예민함을 이렇게 주문했다. 피해자의 언어 안에는 "망설임, 언설로 표현하기 어려운 체험, 침묵, 불명확한 기억, 감정과 욕망의 지대"가 존재하므로, 이러한 "비언어적 지대, 정동(affect)의 지대를 언어의 행간에 표현"하는 일은 고민과 책임이 따르고, "'그 인간'을 깊이 이해하지 않으면 안되는 일"이자

"그녀를 사랑하지 않으면 안되는 일"이라고 말이다.

이렇게 예민한 연구자가 얼마나 존재할지 의문이지만, 어쨌든 아름다운 말이다. 문제는 이들이 과연 그렇게 해왔다고, 그러한 지향을 가졌다고 자부할 수 있냐는 것이다. 2004년 무궁화회 위안부들은 정대협을 "역사의 무대에 앵벌이로 팔아 배를 불려온 악당들."이라며 날서게 비판했다. 이 명징한 언어 앞에서 위안부 연구자와 활동가들은그 '예민함'을 발휘했는가. 어찌하여 그 예민함은 자신을 향한 비판 앞에서는 한없이 무뎌지는가.

정의연은 무궁화회 소속 위안부 심미자의 이름을 '기억의 터' 조형물에서 삭제했다. 위안부의 '망설임'과 '침묵'까지 공감하며 '그 인간'을 깊이 이해하고 사랑해야한다고 소리높였던 연구자는 이를 어떻게 생각하는가. 위안부의 표정마저 놓치지 않으려는 그 절절한 예민함은 위안부의 삶 자체를 삭제하는 정의연의 행태를 어떻게 보는가. 그저 '과보다 공이 많다'고, 아니면 '가슴이 아프다'며 적당히 눙치고 말 것인가.

그러나 정작 연구방법론으로서 구술이 갖는 한계를 무시한 채 위안부의 기억과 구술에 입각해 위안부서사를 만들었던 것은 바로 그들이었다. '피해자 중심주의'니, '피해자의 기억이 곧 증거'니 하며 사실과 논리의 영역을 감성과 구호로 바꾸고, 위안부의 '기억'을 무기로 싸워왔던 여성계가, 이제 피해 당사자의 외침 앞에서 그 '기억'을 부정했던 것이다. 가히 운동의 토대를 스스로 뿌리 뽑는 자기부정이 아닐 수 없었다.

어쩌면 여성계가 생각하는 피해자 중심주의란 운동의 본질적 영역이 아니라 처음부터 '성역'을 구축하기 위한 수단에 불과했는지 모른다. 피해자가 성역화되기 위해서는 여전히 피해자로서 남아 있어야 하기 때문이다.

예컨대 2015년 위안부 생존자 34명과 사망자 유족 68명이 한일 위안부 합의에 따른 '화해·치유재단'의 기금을 수령했는데 당시 여성계는 이 합의를 극렬하게 반대했던 사례가 있다. 만약 '합의'가 성사되면 위안부 운동의 존립 근거 자체가 사라질 것을 우려한 때문으로 추정되는 지점이다. 이와 관련 김정란은 박사학위논문「일본군 '위안부' 운동의 전개와 문제인식에 대한 연구」에서 "생존자들이 국민기금을 수령하면 위안부 운동은 파국을 맞을 것이라는 두려움"이 있다고 지적한 바 있다. 천영우 전 외교안보수석도 이명박 정부 당시 한일 위안부 합의 내용을 소개하면서 "정대협과 위안부 할머니들의 이해관계가 다를 수 있구나 하는 것을 깨달았다."며 비슷한 입장을 내놓았다.[51]

위안부 운동은 표면상 위안부 문제의 '해결'을 외치지만, 사실상 '해결'을 지연시켜야 운동이 끊임없이 존재할 수 있다. 위안부 문제의 미해결만이 조직의 생존을 보증하는, 운동의 목적과 조직의 생존이 배치(背馳)된 운동이다.

2. 식민지 트라우마의 재현

'식민지 트라우마'를 자극하는 선동은 여전히 자학적 민족주의에 편승한 일부 여성계 인사들의 일상적이고 중심적인 전략이다. "여전히 친일이 청산되지 않았다."는 말로 끊임없이 식민지를 현재화하고, 이를 통해 자기 존재의 의미를 강조한다. 이들은 종종 "우리는 언제쯤 식민지에서 해방될까."라는 넋두리를 늘어놓고 국회의원 선거에서 21대 총선은 한일전이다."는 문구를 내세우기도 한다.

한마디로 이는 한국 사회 특유의 반일 민족주의와 '성노예'라는 비극이 결합했을 때 얼마나 강한 폭발력을 갖는지 잘 알고 있는 자들의 행동전략이다. 실제로 소녀상은 위안부서사의 효과적인 상징으로 작동했다. 정부와 기업·시민들로부터 받은 돈은 동상이 됐고, 펜션으로 의심 받는 고급 쉼터가 됐으며, 운동권 자녀의 장학금이 됐다.

2020년 정의연 사태에 대해 여성계 일각에서는 차분히 검찰수사 결과를 기다려보자는 신중한 입장을 택한다. 그러나 이들이 사회적 이슈, 특히 성폭력 의혹에 대해서 언제 한번 신중한 자세로 사건을 바라본 적이 있었는지 묻고 싶다. 그들은 비판자의 위치에서는 확증

편향에 사로잡혔지만, 비판받는 처지에서는 갑자기 회의주의자가 되었다. 공론장에서 조증과 울증을 반복하는 행태야말로 한국 지식인 사회의 난치병이자 전염병이다. 여성계는 여기에서 가장 자유로울 수 없는 부류다.

이용수의 기자회견과 연이은 언론의 문제제기는 위안부 운동 내부에서 오랜 시간 동안 소리 없이 자라 온 악성 종양의 본질을 폭로했다. 그 종양은 자신이 만든 성전(聖殿)에서 자신이 착복하는 좌판을 벌였다. 민족주의와 페미니즘은 그 좌판의 흥행을 보증하는 호객의 구호였다.

한국 페미니즘은 이제 자문해야 한다. 자기가 지은 성전을 스스로 무너뜨릴 수 있는가? 스스로 그 좌판을 걷어찰 수 있는가? 좌판 옆에서 자학적 민족주의 재담을 흘리는 호객꾼을 쫓아버릴 수 있는가? 할 수 없다면 침묵해야 한다.

'미군 위안부', 반일을 넘어 반미로 가는가

민족주의와 페미니즘을 결합시킨 여성계 운동은 반일을 넘어 반미로 이행하고 있다. 최근 본격화 된 〈미군 위안부〉라는 신개념이 그것이다. 30년 전 여성계가 기생관광에서 일본군 위안부를 떠올렸다면, 오늘 여성계는 미군부대 기지촌 여성을 '미군 위안부 피해자'라고 부르고 있다. 한 세대가 지난 시점에 여성계가 새로운 담론 시장과 운동 영역의 개척에 나선 것이다. 앞 세대가 반일주의와 페미니즘의 결합이라면, 후속 세대는 반미주의와 페미니즘의 결합이다.

우리는 흘러간 과거를 통해 미래를 가늠할 수 있다. 이른바 미군 위안부 운동은 일본군 위안부 운동의 또 다른 반복이 될 것이다. 벌써 언어를 전유하기 시작했다. 기지촌 여성을 굳이 '미군 위안부 피해자'로 네이밍했다. 가까운 미래에 기지촌 여성은 '미군 성노예'로 불리게 될지도 모른다.

한국 사회의 좌파는 이미 기지촌 여성이란 용어를 미군 위안부로 탈바꿈시키기 위한 1단계 담론 투쟁에 돌입했다. 『미군 위안부 기지촌의 숨겨진 진실』이라는 책이 '미군 위안부 기지촌 여성의 첫 번째 증언록'이라는 부제를 달고 2019년 출간되었다. 한겨레는 미군 기지촌 여성들의 삶을 다룬 연극, 〈문밖에서〉를 소개하면서 '미군 위안부'라는 용어를 반복적으로 사용했다.[52]

시민사회와 지방의회도 기민하게 움직이고 있다. 2018년 7월 24일 경기도 평택에서는 '평택시 미군 위안부 지원 등에 관한 조례안' 제정을 위한 시민토론회가 열렸다. 이 조례안은 '국가가 주한미군 주둔을 위해 성매매를 조장·방조·묵인했고, 그 때문에 기지촌 여성들이 강제 검진·구금·구타·인신매매에 시달려 왔다.'며, '미군 위안부 문제는 국가 책임'이라고 주장하고 있다. 다만 경기도는 상위법이 없다는 이유로 당시 조례안을 거부했다.[53]

2020년 4월 22일 파주지역 여성단체는 '파주시 기지촌 여성 지원 등에 관한 조례안' 제정을 촉구했다. 조례안에는 기지촌 여성에 대한 임대보증금 지원, 생활안정금 지원, 의료비, 간병인, 법률 상담 지원뿐만 아니라, 기지촌 여성에 관한 역사적 자료의 수집과 진상조사, 인권보장과 명예회복 등을 수행하는 위원회를 둘 수 있도록 명시했다.[54] 4월 29일 조례안은 경기도의회 본회의를 통과했다. 2014년부터 시작되었던 기지촌 여성 지원 조례는 4차례 시도 끝에 마침내 통과된 것이다.

이처럼 여성단체와 지방의회, 학계와 문화계, 언론까지 기지촌 여성을 '미군 위안부'로 지칭한 다음, 국가권력에 의한 '피해자'로 정체화하고 지원의 필요성을 역설하기 시작했다. 아마도 이는 단순한 지원으로 끝나지 않을 것이다. 이미 역사관이 생겨났고 증언을 수집한 결과물이 나왔다.

추정컨대 여성계는 지난 세월 일본군 위안부를 다루었던 방식처럼 극단적 사례를 모아 일반화하고 이를 다시 비극적 서사로 벼려낼 것으로 보인다. 비극적 서사를 극대화시킨 영화와 소설이 나올 것이고, 이것은 대중의 연민을 자극할 것이다. 고단했던 기지촌 여성의 삶은 대중의 연민의 정서를 거쳐 여성운동의 새로운 동력이 될 것이다.

그 다음단계는 뻔하다. 미군 위안부 운동을 비판하는 사람은 기지촌 여성의 아픔에 무감각한 냉혈한으로, 혹은 마초성에 찌든 남성연대의 일원으로 취급받을 것이다. 어쩌면 '토착왜구'가 아닌 '토착양키'로 손가락질 받을지도, 혹은 '역사왜곡처벌법'의 대상이 될지도 모르겠다. 그렇게 우리 사회에 또 하나의 성역이 똬리를 틀고, 담론을 규율하는 권력이 만들어질 것이다.

어느 순간부터 대한민국은 기념비와 제사의 나라, 한(恨)의 대변자가 권력을 쥐는 나라, 영매(靈媒)가 지식인 노릇을 하는 나라, 수많은 성역이 이성을 질식시키는 나라가 되었다. 이와 같은 퇴보의 이면에는 민족주의와 페미니즘의 신성동맹이 있다. 이것은 누구에게 돈과 출세를 보장하는 전가의 보도다. 동시에 이것은 한국 사회를 퇴행시키는 가장 강력한 반동이다.

에필로그

나 연 준
김 소 연

페미니즘은 '탐(貪)'이다

나연준

한국 사회에서 페미니즘은 단순한 이념이 아니다. 이것은 규율이며 사업이고 당파 투쟁 기술이다. 우리는 특정한 이념으로 세계를 해석할 수 있다. 예를 들어 자유주의, 보수주의, 사회주의, 국가주의 등의 눈으로 사회를 인식하고 문제를 진단한다. 이 때 모든 이념은 비판과 토론의 대상이 된다.

그런데 페미니즘은 예외다. 공개적으로 페미니즘에 반대한다고 밝히면 지적·도덕적 야만인 취급을 받는다. 특히 정치권과 학계, 문화계에서 그런 경향이 심하다. 만약 누가 페미니즘과 여성단체를 비판하면 '여성혐오', '백래시', '남성연대' 등 낙인을 받아야만 했다.

하지만 페미니즘 비판과 여성혐오는 명백히 다르다. 사회주의에 대한 비판이 노동자 혐오와 직결되지 않는 것과 같다. 그러나 페미니즘은 자기의 주장과 행위에 대한 비판을 여성 일반의 혐오로 오역한다. 비판을 거부하는 이념은 도그마(dogma)일 뿐이다. 도그마적 행태의 이면에는 억울한 자의식이 있다. 지금 페미니즘이 그렇다. 여성이 피해자고 약자이기 때문에 어떤 요구를 해도 괜찮다고 믿는다.

사회 분위기 역시 여기에 편승하고 있다. 페미니즘에 대한 비판을 자제하는 것을 넘어 적극 동의해야하며, 나아가 여성에 대한 양보를 당연하게 생각한다. 또한 이러한 사고방식이 인간적이고 세련된 것인 양, 요즘 말로 '힙'하게 받아들이기 까지 한다. 정부정책에서 출판시장, 지방의 교양강좌까지 불어 닥친 페미니즘 열풍이 그 방증이다.

그러나 '나는 약자이니 나를 배려해라'식의 태도는 사회의 중요한 합의를 훼손한다. 성인지 감수성이나 피해자 중심주의는 법에 있어 증거주의 원칙을 위배한다. 성범죄 의혹을 받는 즉시 가해자로 지목된 사람은 여론재판을 거쳐 명예살인을 당하며, 후에 무고가 밝혀졌어도 본인의 명예를 회복하기 힘들다.

여성할당제는 약자라는 이유로 더 많은 자원배분을 요구한다. 정당, 공무원, 기업까지 확대되는 추세다. 모든 조직은 직무에 맞게 인력을 배치해야한다. 이것이 조직의 제1원칙이다. 어떤 조직도 남녀 동수할당이 목적일 수 없다. 여성할당제는 절대로 조직의 합목적적 행위가 아니다. 즉 페미니즘의 요구가 현실에 억지로 적용될 때 우리는 이성과 효율이라는 근대성의 원칙을 위배할 수 있다.

남녀가 평등해야한다는 대원칙을 대놓고 부정하는 사람은 거의 없다. 여기서 평등해야 한다는 당위는, 불평등한 현실을 전제해야 성립한다. 이 때 담론권력은 무엇이 불평등한가를 규정한다. 이 담론권력은 여성단체가 쥐고 있다.

여성단체는 불평등을 시정한다는 미명 하에 예산과 지원을 요구한다. 예컨대 2020년 성인지예산 규모는 31조 8천억 원 수준이다. 국방부 예산이 40조인 것을 감안하면 엄청난 규모다. 이와 별개로 여성단체는 수많은 지원사업과 조직을 만들어 보조금과 지원금을 쓸어간다. 그래서 페미니즘은 사업이다. 그것도 절대로 리스크가 없는 사업이다. 나아가 여성의 불행과 고난을 사업자본으로 삼는다. 성폭력 사건이나 성차별 문제가 붉어지면 당장 위원회와 조직을 만들고 자신들이 그 자리를 꿰찬다.

여성단체 일부 간부들은 이러한 경력과 활동을 발판삼아 정치권으로 진출했다. 우리 귀에 익숙한 몇몇 여성단체들에 대해서는 '정치권 등용문'이라는 말까지 나온다. 여성단체는 선거 때마다 '여성의 정치 참여 확대'를 명분삼아 자리 배분을 요구하고 있으나, 그 본질은 '권력화'일 뿐이다.

정치권에 들어왔거나 들어갈 예정인 여성단체 인사는 페미니즘을 당파적 도구로 사용한다. 보통 정치권 및 시민사회에서 성비위 사건이 터지면, 여성단체는 즉각 여론재판에 회부하고 진위여부를 다투는 행위를 2차 가해로 규정해버린다.

더 큰 문제는 이러한 원칙을 자신이 속한 당파에는 적용하지 않는다는 점이다. 수많은 사례가 있지만 최근 박원순, 오거돈 시장 사건을 언급하는 것만으로 족하다. 피해자 중심주의를 외쳤던 이들이 '피해 호소인'이라는 애드립을 쳤고, 어떤 여성 국회의원은 서울시장 보궐선거에 여성이 출마해야 한다고 숟가락을 올렸으며, 여가부 장관은 박원순 시장이 권력형 성범죄를 저질렀냐는 질문에 답하지 못했고, 급기야 보궐선거가 성인지 감수성을 집단학습할 수 있는 기회라고 망언을 서슴지 않았다. 당파적으로 적용되는 이념은 더 이상 이념이 아니다. 단지 당파투쟁의 기술일 뿐이다.

페미니즘은 한국 사회에 언더도그마(Under dogma)를 주입했다. 남녀는 소모적이고 유치한 갈등을 반복 중이다. 일부 페미니스트와 여성단체는 이 갈등을 이용하여 문화권력과 담론권력을 확보했고, 이를 바탕으로 정치권력이 되었다. 이들은 그렇게 확보한 정치권력으로 조직의 보급투쟁에 활로를 열었다. 솔직하게 말해보자. 페미니즘 유행 이후 가장 이득을 취한 집단은 어디인가. 일부 페미니스트와 여성단체 간부다. 이들은 자신의 탐욕을 페미니즘이라고 불렀을 뿐이다.

고대 중국에 '탐(貪)'이라는 상상 속 괴물이 있다. 탐은 용의 머리, 개의 몸, 원숭이 꼬리, 소의 발굽과 뱀의 비늘을 가졌다. 탐은 이름에 걸맞게 주변에 있는 모든 것을 먹어 치운다. 페미니즘은 탐을 닮았다. 이들은 자기가 피해자라는 허기를 채우기 위해 같은 여성의 불행과 분노, 그들을 향한 다수의 연민과 동정, 무고한 자의 억울함, 이성과 합리라는 원칙, 정부의 예산, 사회 상층부의 자리를 먹어 치우며 자랐다. 그리고 자신의 탐학을 스스로 폭로하며 존재의 이유를 없애버렸다. 고대 전설 속에서 탐은 자기마저 뜯어 먹다가 마침내 무(無)가 되었다고 한다. 저들도 그 길을 가고 있다.

김소연

"그렇게 말하면 아무도 공감 못해. 다들 '그래 너 변호사라 잘났다'
라고 생각할 껄. 다들 집에 가면 핍박받는 여성들인데 그건 김 변호
사님처럼 능력 있는 여성들에게나 해당되는 이야기일 뿐이야."

"대표님, 집에 가면 핍박받으시나봐요?"

"나? 우리 남편 알잖아."

"그러니까, 대표님은 집에서 공주 대접 받지만, 다른 여성들은 집
에 가면 모두 핍박받는다는 것이지요? 거기 모인 분들은 모두 여성
리더들이었는데도요?"

소위 '여성계'라 불리는 자들과 면전에서 대화를 하면 이 사람들이 도대체 21세기를 살고 있는 사회적 동물이 맞는가 싶을 때가 많다.

우리 여성들은 이 '여성계' 또는 '페미니스트'라 불리는 여성들과 명백히 분리되어야 하고, 이들의 정치 도구나 앵벌이의 수단이 되어서는 안 된다.

이들에게 여성은 철저히 계층화 되어 있다.

여성 리더를 자처하며 일반 여성을 이용하는 여성과 자신들에게 이용당하기 위하여 영원히 피해자, 약자로 남아야 하는 대상으로서의 여성.

이들에게는 남성들과 대등하고 평화로운 관계를 형성하며 사회생활을 하는 각종 직역의 여성들은 여성이 아니다.

어린 여성들이 '여성이 아닌 여성'으로 성장하기 전에 피해자화, 약자화해야 하므로 위안부 역사와 성범죄 사건으로 공포심과 분노, 혐오와 증오를 먼저 가르친다.

우리는 이와 같은 반인권적이고 반민주적, 반지성적인 대한민국 여성계의 행태에 강력히 저항하며, 페미니즘이 아닌 휴머니즘과 패밀리즘을 회복하고 우리 아이들을 지키기 위하여 이 책을 남긴다.

부족한 저와 함께 기꺼이 공저자로 나서주신 오세라비 작가님과 나연준 선생님께 감사 인사를 드린다.

"엄마 조용히 좀 살자."고 잔소리를 하면서도 엄마가 하는 일을 재밌어하고 관심 가져주는 사랑하는 두 딸, 그리고 아내의 일에 반대의견이 있어도 잘 참아주는 남편에게 미안한 마음과 고마움을 글로나마 남겨본다.

1) '끈적한 마룻바닥'은 1990년대 초 사회학자 캐서린 화이트 버라이드가 만든 용어. 전문적으로 성공하겠다는 희망 없이 저임금 노동의 덫에 갇힌 여성을 의미.

2) 앤 마리 슬로터, 『슈퍼우먼은 없다』, 새잎, 2017, p.134.

3) 〈대한민국 바로세우기 제7차포럼〉, 2017. 2. 16.

4) 〈청와대, '페미니즘 교육 의무화' 청원에 답변〉 "통합 인권교육 실시" 여성신문, 2018.2.27.

5) 〈한국양성평등교육원〉 제10차 전문강사 이슈 포럼, 2018.11.15.

6) 〈여성신문 칼럼〉, 정재훈 서울여대 사회복지학과 교수, 2017.06.23.

7) 〈월간중앙 직격 인터뷰〉 '청년 보수 아이콘' 떠오른 이준석, 2018. 9.25.

8) 오세라비 앞 페이스북 메시지.

9) 오세라비 앞 페이스북 메시지.

10) 앤 마리 슬로터, 『슈퍼우먼은 없다』, 새잎, 2017, p.185.

11) 〈오마이뉴스 인터뷰〉 강원도 원주시 D초등학교 이우혁 교사, 2019.06.05.

12) Lesbian, Gay, Bisexual, Transgender, Queer, Intersex, Allies, Asexual, Pansexual.

13) 2018.11.30, 테드(TED) 강연.

14) 2018.3.8, 영국 일간 텔레그래프 인터뷰

15) 시사인 정춘숙 인터뷰 '여성운동 동지가 박원순을 보내는 방법', 2020.8.10.

16) 로이 F. 바우마이스터 『소모되는 남자』, 2015, P.273.

17) 고마츠 사야카, 『악플 후기』 한정판, 2016, P.103.

18) 퍼실리테이터(facilitator). "회의 또는 워크숍과 같이 여러 사람의 공동 작업이 진행될 때 해당 목적을 효과적으로 달성하도록 일의 과정을 설계하고 조언하는 등의 도움을 주는 사람"으로 정의된다.

19) 아웃리치 outreach. 주로 지역 주민에 대한 기관과 단체의 원조나 지원 활동을 의미한다. 아프리카 같은 오지 의료봉사 활동이 대표적이다. 종교적으로는 '선교를 겸한 봉사활동'을 의미한다.

20) 〈성별영향평가법〉, 1조 2조.

21) 국회예산정책처 〈2020예산안 성인지예산서 분석〉, 2019년 10월.

22) 성매매 판매자는 처벌하지 않고 구매자만 처벌하는 북유럽 국가의 정책.

23) [노정태의 시사철] 폐기 처분된 '행복한 왕자'처럼… 소녀상이 울고 있다 / 조선일보, 2020.06.06.

24) 약자는 무조건적인 선(善), 강자는 무조건적인 악(惡)이라 보는 현상을 말한다. 약자를 뜻하는 언더독(underdog)과 맹목적이고 독단적인 뜻을 갖는 도그마(dogma)의 합성어.

25) 윤미향, 「아직도 해결되지 않은 문제 일본군 '위안부'」, 『황해문화』 통권 50호(2006년 봄).

26) 「"위안부는 매춘" 류석춘 교수 발언에 각계 비판 잇달아」, 『경향신문』, 2019.9.21.

27) 이영훈, 2020, 『반일종족주의와의 투쟁』, 미래사, 46쪽.

28) 함석헌, 1961, 「새 나라의 꿈틀거림」『함석헌 저작집』 3, 한길사, 124~125쪽.

29) 윤한봉, 2009, 『망명』, 한마당, 27쪽.

30) 카터 에커트(Carter J. Eckert), 도면회 옮김, 2006, 『한국의 식민지 근대성』,
    삼인, 508~509쪽.

31) 박유하, 2020, 『일본군 위안부, 또 하나의 목소리』, 뿌리와 이파리, 35~36쪽.

32) 「'위안부 단체 작심 비판' 이용수 할머니 기자회견 전문(全文)」, 인터넷판
    『월간조선』, 2019.5.8.

33) 「김복동 할머니의 마지막 한마디…"끝까지 싸워달라"」 한겨레신문 인터넷판
    ,2019.1.29.

34) 박유하, 위의 책, 41쪽.

35) 이용수의 증언이 바뀌어갔던 것에 대한 자세한 정리는 신규양 「'종북'
    문재인 위한 '거짓말 할머니', 일본군 위안부 이용수 (1)」, 미디어워치
    (mediawatch) 인터넷판, 2018.4.14 참조.

36) 「민관조사단 "나눔의집 후원금 88억원, 할머니 사용은 2억원"」, 경향신문 인
    터넷판, 2020.8.11.

37) 박유하, 위의 책, 216~218쪽.

38) 「"한일 위안부 합의 파기" 소녀상 대장정 부산서 시작」, 연합뉴스 인터넷판,
    2017.8.7.

39) 「부산시의회…외교부가 이전 요구한 '소녀상'에 점용료 면제까지」, 펜앤드마
    이크, 2020.6.28.

40) 「'소녀상 버스' 탄 박원순, "아이구 맨발이네~"」, 오마이뉴스 인터넷판

2017.8.14.

41) 토테미즘totemism은 집단의 상징이나 징표로서 동·식물이나 자연물을 주로 의미하며 이러한 상징물은 대개의 경우 전설과 신화에 의하여 뒷받침된다. 한국에서 마을의 수호신으로 통용되는 장승의 영어표기로 totem pole이 활용된다.

42) 「박유하 '제국의 위안부'를…'위안부' 지면 논쟁」, 『경향신문』 인터넷판, 2016.2.3.

43) 이 글은 필자의 『신동아』(2020년 7월호) 기고문을 크게 참고했다.

44) 톱니바퀴처럼 서로 맞물려 운동하는 기계장치의 틈새를 의미하는 공학적 단어에 비롯되었다. 이 틈새가 벌어지면 소음이나 진동이 심해지는데 이를 사회에 비유해서 진보에 대한 반발과 저항을 백래시라고 표현한다. 페미니즘 관점에서는 안티 페미니즘이 대표적 백래시.

45) 조민아, 「이용수 선생의 발언과 정의연 : 넘어서야 할 것과 거리 둘 것」, 뉴스앤조이, 2020. 5.26.

46) 「'윤미향 정대협' 비판 할머니 8명, 남산 기림비 명단서 빠졌다」, 중앙일보, 2020.6.5.

47) 「2004년 위안부 할머니 33명 "정대협, 우릴 앵벌이로 판 악당"」, 중앙일보, 2020.5.17.

48) 「이용수 할머니 "30년간 팔려다녔다…윤미향, 사리사욕 챙겨 출마"」, 중앙일보, 2020.5.25.

49) 「이용수 할머니 "위안부 팔아먹었다…윤미향 벌 받아야"」, 연합뉴스, 2020.6.6.

50) 「30년 '위안부 인권운동', 기로에 서다」, 한겨레신문, 2020.5.27.

51) 천영우 전 청와대 외교안보수석 일본 요미우리신문 인터뷰, 2020.5.24.

52) 「연극출연한 '미군위안부' 배우 3인…"냉대받았지만, 의미 있는 삶"」, 『한겨레신문』, 2020.8.3.

53) 「명칭부터 반발 부닥친 '미군 위안부 조례'」, 『한겨레 신문』, 2018.8.3.

54) 「여성단체 "미군위안부 명예회복을…" 이효숙 의원 "조례 적극 반영"」, 『파주바른신문』, 2020.4.22.

페미니즘은 어떻게
괴물이 되었나

초판 1쇄 인쇄 2020년 11월 30일
초판 1쇄 발행 2020년 12월 7일

저자 오세라비 김소연 나연준
펴낸곳 글통
발행인 홍기표
편집인 허현준
등록 2011년 4월 4일 (제319-2011-18호)
전화 02-780-1135
팩스 02-780-1136
페이스북 http://www.facebook.com/Geultong
이메일 geultong@daum.net
ISBN 979-11-85032-53-5
정가 15,000원